《供电企业应急能力建设评估标准》
条文释义与典型问题解析

国网山东省电力公司　组编

中国电力出版社
CHINA ELECTRIC POWER PRESS

内 容 提 要

为了提高各单位对《供电企业应急能力建设评估标准》（Q/GDW 11608—2024）培训学习，增强标准理解深度，指导和帮助各级单位有效组织开展应急能力建设和评估工作，国网山东省电力公司组织标准参编人员编制了本书。本书系统、详细地对《供电企业应急能力建设评估标准》（Q/GDW 11608—2024）进行阐释说明，围绕标准建设内容、评估程序、评估标准、评估方法、标准分设置、评估得分以及评估报告要求等应急能力建设和评估开展的全过程，对评估标准和重点内容进行逐条解读。

本书对深入理解供电企业应急能力建设评估工作理念，帮助各级管理人员有效开展供电企业应急能力建设具有积极指导作用。

图书在版编目（CIP）数据

《供电企业应急能力建设评估标准》条文释义与典型
问题解析 / 国网山东省电力公司组编. -- 北京 ： 中国
电力出版社, 2025. 3. -- ISBN 978-7-5198-9722-2

Ⅰ. F426.61

中国国家版本馆 CIP 数据核字第 2025HZ7152 号

出版发行：中国电力出版社
地　　址：北京市东城区北京站西街 19 号（邮政编码 100005）
网　　址：http://www.cepp.sgcc.com.cn
责任编辑：肖　敏
责任校对：黄　蓓　于　维
装帧设计：赵姗姗
责任印制：石　雷
印　　刷：廊坊市文峰档案印务有限公司
版　　次：2025 年 3 月第一版
印　　次：2025 年 3 月北京第一次印刷
开　　本：787 毫米×1092 毫米　16 开本
印　　张：15.5
字　　数：266 千字
印　　数：0001—2000 册
定　　价：72.00 元

《供电企业应急能力建设评估标准》
条文释义与典型问题解析

编　委　会

主　　编　宋晓东

副 主 编　韩　洪　　杨啸帅　　邓化凌　　谢连科　　温明燕

编写人员　王乐平　　朱玉梅　　王焕军　　吴昱萱　　赵　鹏

　　　　　林　波　　孙伟光　　刘景龙　　刘　爽　　张小勇

　　　　　李　科　　王现强　　张继峰　　樊龙龙

前　　言

2024 年 4 月，国家电网有限公司组织国网智能电网研究院有限公司、国网山东省电力公司等单位，根据《电力企业应急能力建设评估管理办法》（国能发安全〔2020〕66 号）和《电网企业应急能力建设评估规范》（DL/T 1920—2018）相关要求，对《供电企业应急能力评估标准》进行修订，形成了《供电企业应急能力建设评估标准》（Q/GDW 11608—2024）。

为了提高各单位对《供电企业应急能力建设评估标准》（Q/GDW 11608—2024）培训学习，增强标准理解深度，指导和帮助各级单位有效组织开展应急能力建设和评估工作，国网山东省电力公司组织标准参编人员编制了本书。本书系统、详细地对《供电企业应急能力建设评估标准》（Q/GDW 11608—2024）进行阐释说明，围绕标准建设内容、评估程序、评估标准、评估方法、标准分设置、评估得分以及评估报告要求等应急能力建设和评估开展的全过程，对评估标准和重点内容进行逐条解读，重点说明"建设什么、评估什么、如何评估、怎样评估"；同时结合国网山东省电力公司两轮供电企业应急能力建设评估开展情况，梳理给出了部分应急能力建设评估过程中发现的典型问题，并附相关典型演练评估模板供各单位参考。

本书对深入理解供电企业应急能力建设评估工作理念，帮助各级管理人员有效开展供电企业应急能力建设具有积极指导作用。本书还梳理并收录了部分国家和电力行业现行有效的有关应急能力建设法规制度和技术标准条款内容，以便于读者扩展了解。

希望本书对各位读者有所帮助和启发，同时限于编制水平，书中难免有不妥之处，望大家批评指正，并提出宝贵意见。

编者

2025 年 1 月

目　　录

第一部分　标准正文释义

1 范　围

本文件规定了供电企业应急能力的建设内容、评估程序、评估标准、评估方法、标准分设置、评估得分以及评估报告要求。

本文件适用于地市和县级供电企业应急能力建设评估工作。

【释义】

本条主要对评估总体内容、适用范围等进行了规定说明。

在《电网企业应急能力建设评估规范》（DL/T 1920—2018）范围要求的基础上，根据国家电网有限公司（简称"国网公司"）实际增加了评估程序，增强标准评估的可操作性，固化评估程序，规范评估工作。

本文件明确规定适用于地市和县级供电企业应急能力建设评估工作，对于其他单位无参考性。

2 规范性引用文件

【标准原文】

下列文件中的内容通过文中的规范性引用而构成本文件必不可少的条款。其中，注日期的引用文件，仅该日期对应的版本适用于本文件；不注日期的引用文件，其最新版本（包括所有的修改单）适用于本文件。

【释义】

评估过程中，对引用的文件及时进行更新、补充、完善，确保文件时效性，评估标准引用文件见表1-1。

表1-1　　　　　　　　　　评估标准引用文件

序号	标准名称	标准号	所属类别
1	《中华人民共和国突发事件应对法》（2024年修订）	国家主席令〔2007〕第69号	法律法规
2	《中华人民共和国电力法》（2018修订）	国家主席令〔2018〕第23号	法律法规
3	《中华人民共和国安全生产法》	国家主席令〔2021〕第88号	法律法规
4	《突发公共卫生事件应急条例》	国务院令第376号	法律法规
5	《电力监管条例》	国务院令第432号	法律法规
6	《生产安全事故报告和调查处理条例》	国务院令第493号	法律法规
7	《电力安全事故应急处置和调查处理条例》	国务院令第599号	法律法规
8	《生产安全事故应急条例》	国务院令第708号	法律法规
9	《电力安全生产监督管理办法》	国家发展改革委令〔2015〕第21号	法律法规
10	《生产安全事故应急预案管理办法》（2019修订）	应急管理部令〔2019〕第2号修正	法律法规
11	《国务院办公厅关于印发国家大面积停电事件应急预案的通知》	国办函〔2015〕134号	法律法规
12	《国家突发公共事件总体应急预案》	国发〔2005〕11号	法律法规
13	《电力企业应急能力建设评估管理办法》	国能发安全〔2020〕66号	法律法规
14	《电力突发事件应急演练导则（试行）》	电监安全〔2009〕22号	法律法规
15	《电力企业应急预案评审与备案细则》	国能综安全〔2014〕953号	法律法规
16	《电力企业应急预案管理办法》	国能安全〔2014〕508号	法律法规
17	《山东省突发公共事件总体应急预案》	鲁政发〔2021〕14号	法律法规
18	《山东省处置电网大面积停电事件应急预案》	鲁政办字〔2009〕161号	法律法规

序号	标准名称	标准号	所属类别
19	《山东省突发事件应对条例》	山东省人大常委会公告第 120 号	法律法规
20	《山东省生产安全事故应急办法》	山东省人民政府令第 341 号	法律法规
21	《山东省安全生产条例》	山东省人大常委会公告〔2021〕第 185 号	法律法规
22	《电力系统安全稳定导则》	GB 38755—2019	技术标准
23	《生产经营单位生产安全事故应急预案编制导则》	GB/T 29639—2020	技术标准
24	《生产安全事故应急演练基本规范》	AQ/T 9007—2019	技术标准
25	《生产安全事故应急演练评估规范》	AQ/T 9009—2015	技术标准
26	《生产经营单位生产安全事故应急预案评估指南》	AQ/T 9011—2019	技术标准
27	《电力应急指挥中心技术导则》	DL/T 1352—2014	技术标准
28	《电网企业应急能力建设评估规范》	DL/T 1920—2018	技术标准
29	《电网企业应急预案编制导则》	DL/T 2518—2022	技术标准
30	《电网企业应急演练导则》	DL/T 2522—2022	技术标准
31	《国家电网公司应急预案体系框架方案》	国家电网办〔2010〕1511 号	国网公司企标
32	《国家电网公司关于强化本质安全的决定》	国家电网办〔2016〕624 号	国网公司企标
33	《国家电网公司应急队伍管理规定（试行）》	国家电网生〔2008〕1245 号	国网公司企标
34	《国家电网有限公司应急工作管理规定》	国网（安监/2）483—2019	国网公司企标
35	《国家电网有限公司应急预案管理办法》	国网（安监/3）484—2019	国网公司企标
36	《国家电网有限公司应急预案评审管理办法》	国网（安监/3）485—2019	国网公司企标
37	《国家电网公司应急救援基干分队管理规定》	国网（安监/3）854—2017	国网公司企标
38	《国家电网有限公司预警工作规则》	国网（安监/3）1105—2022	国网公司企标
39	《国家电网有限公司电力突发事件应急响应工作规则》	国网（安监/3）1106—2022	国网公司企标
40	《国家电网公司应急物资储备实施方案》	国家电网物资〔2009〕841 号	国网公司企标
41	《国家电网有限公司应急物资管理办法》	国网（物资/2）126—2020	国网公司企标
42	《国家电网有限公司应急指挥中心建设规范》	Q/GDW 10202—2021	国网公司企标
43	《国家电网公司供电企业应急能力评估标准》	Q/GDW 11608—2016	国网公司企标
44	《国家电网公司差异化设计导则》	Q/GDW 11721—2017	国网公司企标
45	《国家电网有限公司应急预案编制规范》	Q/GDW 11958—2020	国网公司企标
46	《电力突发事件风险评估与应急资源调查工作规范》	Q/GDW 12244—2022	国网公司企标

3 术 语 和 定 义

3.1 应急管理

【标准原文】

应急管理 emergency management

为应对电力突发事件而采取的，涵盖预防与应急准备、监测与预警、应急处置与救援、事后恢复与重建全过程的有计划、有组织、系统性的行为。

［来源：DL/T 1499—2016，3.1］

【释义】

应急管理是指在突发事件的事前预防、事发应对、事中处置和善后恢复过程中，通过建立必要的应对机制，采取一系列必要措施，应用科学、技术、规划与管理等手段，保障公众生命、健康和财产安全；促进社会和谐健康发展的有关活动。包含防灾减灾、危机管理等内容。

3.2 应急体系

【标准原文】

应急体系 emergency system

电力行业各单位充分整合和利用现有资源，在建立和完善本单位"一案三制"的基础上，全面加强应急重要环节的建设，包括：监测预警、应急指挥、应急队伍、物资保障、培训演练、科技支撑、恢复重建等。

［来源：DL/T 1499—2016，3.2］

"一案三制"是指应急预案和应急体制、应急机制、应急法制。为有效预防和控制可能发生的事故，最大程度减少事故及其造成损害而预先制定的工作方案；设置应急组织机构，建立应急管理制度，组建专兼职应急队伍建设；构建应急值守、协同联动、信息互通、资源共享、后勤保障机制；也包括相应的奖励约束和惩戒机制；开展好多种形式的应急救援技能、知识方面的宣传培训。

3.3 应急能力

【标准原文】

应急能力 emergency capability

政府和企业及社会各类组织应急管理体系中所有要素和应急行为主体有机组合的综合能力。

【释义】

应急能力是为使重大事故发生时能够高效有序地开展应急行动，减轻重大事故给人们造成的伤亡和经济损失，而在组织体制、应急预案、事故速报、应急指挥、应急资源保障、社会动员等方面所做的各种准备工作的综合体现。其中，"高效"讲究的是快速和效率；"有序"则强调按照预先设定的程序指挥、决策和部署；"综合"是指整合各种资源，动员方方面面的力量。

3.4 应急能力建设

【标准原文】

应急能力建设 emergency capability construction

通过制度化、标准化等措施，围绕预防与应急准备、监测与预警、应急处置与救援、事后恢复与重建四个方面的综合能力进行全方位建设和逐步完善，提高突发事件应对能力的过程。

3.5 供电企业应急能力建设评估

【标准原文】

供电企业应急能力建设评估 emergency capability construction and assessment standard for power supply company

以供电企业为评估主体，以应急能力的建设和提升为目标，以应急预案和应急体制、机制、法制为核心，从预防与应急准备、监测与预警、应急处置与救援、事后恢复与重建等四个方面对各级供电企业应对可能发生突发事件的综合管理、处置能力进行评估，查找供电企业应急能力存在的问题和不足，指导供电企业建设完善应急体系。

3.6 风险分析

【标准原文】

风险分析 risk analysis

理解风险性质、确定风险等级的过程。

［来源：GB/T 23694—2013，4.6.1］

理解风险性质、确定风险等级的过程。风险分析是风险评价和风险应对决策的基础，风险分析包括风险估计。

3.7 静态评估

【标准原文】

静态评估　static assessment

通过检查资料、现场勘查等方式，对供电企业应急管理相关制度文件、应急预案、物资装备、指挥中心、应急队伍、信息系统等方面静态佐证资料进行评估。

【释义】

依据《电力企业应急能力建设评估管理办法》（国能发安全〔2020〕66 号）要求，静态评估应当对电力企业应急管理相关制度文件、物资装备等体系建设方面相关资料进行评估，主要方式包括资料检查、现场勘察等。

3.8 动态评估

【标准原文】

动态评估　dynamic assessment

通过访谈、考问、考试、演练等方式，对供电企业应急领导小组、相关职能部门负责人及管理人员、一线员工的国家相关法律法规、规章制度、岗位职责、应急知识掌握情况和实际应急处置能力进行评估。

【释义】

依据《电力企业应急能力建设评估管理办法》（国能发安全〔2020〕66 号）要求，动态评估应当重点考察电力企业应急管理第一责任人及相关人员对本岗位职责、应急基本常识、国家相关法律法规等的掌握程度，主要方式包括访谈、考问、考试、演练等。

4 评 估 程 序

4.1 评估周期

【标准原文】

应急能力建设评估周期原则上不超过 5 年，一般按照"自评估、专家评估、整改提升"的工作程序推进，实现评估闭环动态管理。

【释义】

本条对应急能力建设评估周期和工作程序给出了规定。

评估周期依据《电力企业应急能力建设评估管理办法》（国能发安全〔2020〕66号）第六条"电力企业应当滚动开展应急能力建设评估工作，原则上评估周期不超过5 年。电力企业应急预案修订涉及应急组织体系与职责、应急处置程序、主要处置措施、事件分级标准等重要内容的，或重要应急资源发生重大变化时应当及时开展评估。"相关要求，同时考虑了应急能力建设、评估、整改的时间需要，也与电力企业以五年为周期的发展规划相匹配。

工作程序按照"自评估、专家评估、整改提升"的工作推进。

自评估：供电企业根据上级和标准要求，内部范围内自行开展应急能力建设评估活动。

专家评估：各单位完成自评估后，由上级单位组织或委托第三方评估机构对供电企业组织实施应急能力建设评估活动。

整改提升：各供电企业完成专家评估工作后，根据专家评估报告和自评估报告提出相关问题和隐患完成闭环整改和管理提升阶段。此环节体现了应急能力建设评估工作的最终目的。

4.2 评估计划

【标准原文】

上级单位依据应急管理工作总体部署下发应急能力建设评估工作计划。各单位根据工作计划，制定并落实本单位评估工作方案。

【释义】

依据《电力企业应急能力建设评估管理办法》（国能发安全〔2020〕66号）要求，国网公司、省级单位依据应急管理工作总体部署下发应急能力建设评估工作计划；地市、县级单位根据工作计划，制定并落实本单位评估工作方案。

4.3 自评估

【标准原文】

各单位应成立主要负责人任组长的自评估组，制定自评估实施方案，依据评估方案和标准开展自查，总结主要问题、整改建议及评分结果，形成自评估报告。

【释义】

自评估阶段的工作流程包括：成立自评估工作组，由企业主要负责人任组长，分管领导、相关部门负责人、各专业负责人参加；制定自评估实施方案，负责具体自评估工作；开展宣传培训，企业应组织有关人员系统学习应急能力评估标准和评估方法；企业开展自评估，自评估工作组编制评估小结，内容应包含发现的主要问题、整改建议及分项评估结果；最后汇总并整理各分项评估结果，形成自评估报告。

应急能力自评估报告应包括：企业概况、评估总体情况、评估工作开展情况、存在的重点问题和整改建议、评估结论（参见标准附录C.1）。

4.4 专家评估

【标准原文】

专家评估以静态评估与动态评估相结合的方式开展。评估程序如下：

a）评估申请。各单位完成自评估后，应向上级单位提报自评估报告，提出专家评估申请。

b）成立评估组。专家评估工作应由上级单位组织或委托第三方评估机构组织实施。评估组专家不少于5名，且选用专家须为非被评估单位人员，地市级供电企业评估专家至少包含 1 名电力安全应急专家库中的专家。

c）专家培训。专家评估前，组织单位应做好评估专家的培训工作，确保评估专家充分熟悉评估项目、评估内容和方法、评分标准等。

d）评估方案编制。评估组应编制评估工作方案，方案内容应至少包括评估内容、评估范围、评估组专家信息、评估日程安排等。

e）评估实施。评估工作开始时，评估组与被评估单位共同召开启动会议，部署评估工作。评估工作过程中，评估组严格依据评分标准对各项指标进行检查评分。评估工作结束后，召开反馈会议，通报评估总体情况、主要问题和整改建议等。

f）评估报告。评估工作结束后，评估组应于 15 个工作日内形成评估报告，并下达被评估单位。

【释义】

依据《电力企业应急能力建设评估管理办法》（国能发安全〔2020〕66 号）：

第十二条 电力企业可自行或委托第三方机构组建评估工作组，工作组由不少于 5 名评估人员（含 1 名组长）组成。评估工作组中应当至少包含 1 名电力安全应急专家库中的专家，且选用专家须为非被评估单位人员。

选用专家须为非被评估单位人员是遵循"任职回避、地域回避、公务回避"的原则，建议从公司系统应急专家库选取。"地市级供电企业评估专家至少包含 1 名电力安全应急专家库中的专家"明确了县级单位对是否包含电力安全应急专家库中专家不做要求。

专家培训：专家培训前，组织深度解读评估标准，增强市县公司评估适用性；结合市县公司实际，组织专家对标准深度解析，统一评估尺度，优化评估范围，增加评估地点，明确考问、考试具体部门、岗位人员，明确被评估单位主要负责人参与访谈、演练项目，按照评估标准要求做到各层级人员全覆盖。

专家培训内容：评估依据、上级评估要求、评估计划、评估方案、评估重点等。

评估实施：可考虑对评估结果不考核、不排名、不通报，力求实事求是、真实客观、全面系统地评估各单位的应急能力建设状况和现状；访谈人员应为分管领导，考问环节部门负责人不允许由专工代替；桌面推演单位领导要全程亲自参与演练，参演部门负责人不允许由专工代替，演练内容应包括被评估单位主要风险类型；应急能力建设评估以不影响企业正常的安全生产为原则，同时要保证查评期间的安全；现场评估过程中及时对发现的问题与被评估单位进行反馈、交流并达成共识，形成评估工作备忘录经双方负责人签字确认。

4.5 整改提升

【标准原文】

各单位应根据专家评估报告和自评估情况，组织制定整改计划，明确整改内容、整改措施、完成期限、整改负责人，做好闭环整改和过程管控；应按照上级单位要求，及时报送评估整改报告；需要由上级单位协调或支持的重点项目，应报上级单位协调落实。

【释义】

各地市、县级单位完成应急能力建设专家评估后即转入整改提升阶段，省级单位将整改计划制定及执行情况纳入统计考核。各地市级、县级要充分利用评估成果，加强组织协调，按照计划节点，将评估问题层层分解，落实责任单位和人员，严格执行动态销号制度，同时举一反三，全面深入扎实开展整改，确保整改到位。

5 评 估 内 容

5.1 预防与应急准备

【标准原文】

主要包括 8 个二级指标,分别是:

a)应急组织体系;

b)应急预案体系;

c)法规制度;

d)应急演练与培训;

e)应急指挥中心;

f)综合保障能力;

g)常态化应急值班;

h)新一代应急指挥系统日常应用。

【释义】

在《电网企业应急能力建设评估规范》(DL/T 1920—2018)评估内容的基础上,预防与应急准备章节增加了常态化应急值班、新一代应急指挥系统日常应用等内容,细化了应急预案体系、法规制度。

5.2 监测与预警

【标准原文】

主要包括 6 个二级指标，分别是：

a）监测预警能力；

b）预警分类分级；

c）预警发布；

d）预警响应；

e）预警调整与解除；

f）新一代应急指挥系统预警响应应用。

【释义】

在《电网企业应急能力建设评估规范》（DL/T 1920—2018）评估内容的基础上，细化监测预警能力、预警分类分级、预警发布、预警响应、预警调整与解除等内容，增加了新一代应急指挥系统在预警响应环节应用的评估等内容。

5.3 应急处置与救援

【标准原文】

主要包括 6 个二级指标，分别是：

a）先期处置；

b）应急指挥；

c）应急救援；

d）信息报告与发布；

e）响应调整与结束；

f）新一代应急指挥系统应急响应应用。

【释义】

在《电网企业应急能力建设评估规范》（DL/T 1920—2018）评估内容的基础上，增加了突发事件处置过程的评估以及新一代应急指挥系统在应急响应环节应用的评估等内容。

5.4 事后恢复与重建

【标准原文】

主要包括 3 个二级指标，分别是：

a）后期处置；

b）应急处置评估；

c）恢复重建。

具体指标体系应符合表 1。

【释义】

本条文根据《电网企业应急能力建设评估规范》（DL/T 1920—2018）评估条文设置，将原文件一级指标"后期恢复"改为一级指标"事后恢复与重建"，将原标准中的"长期恢复"改为"恢复重建"。

6 评 估 方 法

6.1 评估方法总体要求

【标准原文】

应急能力建设评估以静态评估和动态评估相结合的方法进行。

【释义】

依据《电力企业应急能力建设评估管理办法》（国能发安全〔2020〕66号）：

第十条 应急能力建设评估应当以静态评估和动态评估相结合的方法进行。静态评估应对电力企业应急管理相关制度文件、物资装备等体系建设方面相关资料进行评估，主要方式包括检查资料、现场勘查等。动态评估应当重点考察电力企业应急管理第一责任人及相关人员对本岗位职责、应急基本常识、国家相关法律法规等的掌握程度，主要方式包括访谈、考问、考试、演练等。

6.2 静态评估

【标准原文】

主要采用检查资料、现场勘查等方法。检查的资料应包括应急规章制度、应急预案体系、以往突发事件处置、历史演练等相关文字、音像资料和数据信息；现场勘查对象应包括应急仓库、装备、物资、应急指挥中心、新一代应急指挥系统、其他有关信息通信系统等。

【释义】

结合《电力企业应急能力建设评估管理办法》（国能发安全〔2020〕66号）"电力企业滚动开展评估工作，原则上评估周期不超过5年"要求，距上一次评估大于5年的建议检查资料范围为近5年资料，小于5年的，建议检查资料范围为上一次评估之后的资料；重点查看资料延续性及公司整体应急意识，全面真实评估企业的应急能力建设工作水平。

建议现场勘查地点：公司应急装备库，供电所、班组等应急物资储备库 4 处；应急指挥中心、设备间、供配电系统室、新一代应急指挥系统及大楼逃生系统等。

6.3 动态评估

6.3.1 动态评估方法

【标准原文】

动态评估方法包括访谈、考问、考试、应急演练等。

【释义】

结合《电网企业应急能力建设评估规范》（DL/T 1920—2018）及《电力企业应急能力建设评估管理办法》（国能发安全〔2020〕66 号）第十条要求，动态评估应当重点考察电力企业应急管理第一责任人及相关人员对本岗位职责、应急基本常识、国家相关法律法规等的掌握程度，主要方式包括访谈、考问、考试、演练等。

6.3.2 访谈

【标准原文】

主要面向应急管理第一责任人、分管负责人。评估其对本岗位应急工作职责，总体（综合）应急预案和大面积停电事件等专项预案内容的了解程度。

【释义】

依据《生产安全事故应急条例》（国务院令第 708 号）：

第四条 生产经营单位应当加强生产安全事故应急工作，建立、健全生产安全事故应急工作责任制，其主要负责人对本单位的生产安全事故应急工作全面负责。

依据《国家电网有限公司应急工作管理规定》［国网（安监/2）483—2019］：

第十四条 各省（自治区、直辖市）电力公司、直属单位应建立健全应急工作责任制，主要负责人是本单位应急工作第一责任人，对本单位的应急工作全面负责。其他分管领导协助主要负责人开展工作，是分管范围内应急工作的第一责任人，对分管范围内应急工作负领导责任，向主要负责人负责。

生产经营单位的主要负责人是本单位应急管理第一责任人，访谈人员为公司总经理、分管生产负责人。具体评估内容在动态评估章节给出明确规定。

6.3.3 考问

【标准原文】

选取一定比例的部门负责人、管理人员、一线员工进行提问、询问。主要评估其对本岗位应急工作职责、相关预案、相关法律法规及标准、规定，应急技能和装备使用情况等的掌握程度。

【释义】

选取一定比例的部门负责人、管理人员、一线员工进行提问、询问。建议覆盖所有有应急职责的部门。主要评估其对本岗位应急工作职责、相关预案、相关法律法规及标准、规定，应急技能和装备使用情况等的掌握程度。

6.3.4 考试

【标准原文】

建立应急考试题库。选取一定比例的管理人员、一线员工进行答题考试，取考试成绩平均分，再进行扣分折算。主要评估其对应急预案、相关法律法规及标准规范、应急管理知识、应急救援抢修技能等的掌握程度。

【释义】

根据各供电企业人员结构，建议选取公司 10% 比例的管理人员、一线员工进行答题考试。

6.3.5 演练

【标准原文】

被评估单位应开展 1 场桌面演练、1 场现场演练和 1 场新一代应急指挥系统实操演练，桌面演练宜采用无脚本形式。演练主要针对应急领导小组成员、部门负责人、一线员工以及应急常态值班人员，按相应职责评估参演人员对应急处置流程、响应措施的掌握程度。

【释义】

桌面推演可采取无脚本演练的方式，单位领导参与演练，参演部门负责人不允许由专工代替，鼓励有条件的单位邀请政府相关部门人员参加推演。评估中，专家组根据公司主要风险点，临时增加演练场景，考察应变能力；增加演练后提问环节，提升新闻采访应对技巧。

建议做到典型处置方案演练全面覆盖，鼓励单位组织一些以前没演练过的，锻炼各项应对处置能力。

7 标 准 分 设 置

7.1 静态评估标准分

【标准原文】

静态评估标准分 1000 分,其中一级评估指标中预防与应急准备 300 分(占 30%),监测与预警 300 分(占 30%),应急处置与救援 300 分(占 30%),事后恢复与重建 100 分(占 10%)。静态评估标准分设置情况应符合表 2。供电企业应急能力建设静态评估表应符合附录 A。

【释义】

在《电网企业应急能力建设评估规范》(DL/T 1920—2018)静态评估 1000 分值的基础上,结合国网公司应急管理实际情况,新加常态化应急值班、新一代应急指挥系统在日常、预警响应和应急响应阶段的应用等内容分值,预防与应急准备分值由 500 分降低到 300 分,监测与预警分值由 100 增加到了 300 分,应急处置与救援、事后恢复与重建分值保持不变,重点加重了监测与预警专业的分值。

7.2 动态评估标准分

【标准原文】

动态评估标准分 200 分,其中访谈 10 分(占 5%),考问 15 分(占 7.5%),考试 25 分(占 12.5%),演练 150 分(占 75%)。供电企业应急能力建设动态评估表应符合附录 B。

【释义】

在《电网企业应急能力建设评估规范》(DL/T 1920—2018)动态评估 200 分值的基础上,结合国网公司应急管理实际情况,新加新一代应急指挥系统实操演练分值 50 分,降低了考问、考试评估分值。

8 评 估 得 分

8.1 评分标准

【标准原文】

每项评估内容按评分标准进行评分，扣分不超过该项标准分。标准内容应逐条检查核实，不具备评估条件或无相应内容的项目可不参评。对不参评项目，应说明不参评理由，该项不得分，且在评估总分中扣除。

【释义】

根据供电公司近 5 年事件处置及应急响应实际状况，由评估专家组讨论确定是否为不参评项，如若供电公司近 5 年无应急处置事件，可将事后恢复与重建部分定为不参评项。

8.2 评估结果

【标准原文】

评估结果应当根据评估得分率确定，分为优秀、良好、合格和不合格。四个等级分级标准应符合下列要求：

a）优秀：得分率≥90%；

b）良好：90%＞得分率≥85%；

c）合格：85%＞得分率≥80%；

d）不合格：得分率＜80%。

评估结果为不合格的，应当根据专家组意见进行整改，并重新组织评估。

【释义】

依据《电力企业应急能力建设评估管理办法》（国能发安全〔2020〕66 号）：

第十四条 评估结果应当根据评估得分率确定，分为合格、不合格。评估得分率在 80%以上的为合格，得分率在 80%以下的为不合格。标准将评估结果合格定为：得分率≥80%，同时考虑供电公司内部比较，设置优秀、良好、合格和不合格四个等级。

9 评 估 报 告

评估组根据评估情况撰写评估报告（报告模板见附录 C）。评估报告应对供电企业应急能力给出判定结果，并对总体情况、分项指标以及问题与整改建议进行具体说明。其中，供电企业应急能力建设评估结果明细表和供电企业应急能力建设评估问题清单及整改建议表应作为附件，详见附录 D 和附录 E。

评估报告应客观、真实、准确地反映被评估单位应急能力建设现状，文字应简洁准确，结论应真实明确。

【释义】

规范报告编制，增加统计表、报告模板。在附录中增加自评估、专家评估、复评估报告模板，主要风险分析表/报告模板，并根据评估内容的变化，增加、完善各项统计表。对评估报告格式、文字、结论给出明确要求。

第二部分　应急能力建设评估表（静态部分）释义

1 预防与应急准备

1.1 应急组织体系

1.1.1 应急组织

1.1.1.1 指挥体系

【标准原文】

建设内容：

1. 应常设应急领导小组，组长由本单位主要负责人担任，副组长由其他领导担任，成员由相关部门主要负责人组成；

2. 应急领导小组应下设安全应急办公室和稳定应急办公室，分别设在安全监察部（应急管理部）和办公室，进行归口管理；

3. 应急领导小组成员名单及常用通信联系方式应报上级单位备案。

评估方法：查阅相关文件、制度，检查落实情况。

评分标准：未设应急领导小组不得分，成员组成不符合要求，每发现一处扣 0.5 分；未设安全应急办公室和稳定应急办公室或归口管理不明确扣 1 分；应急领导小组成员名单及常用通信方式未报上级备案扣 1 分；扣完为止。

【释义】

（1）本条文主要对应急指挥体系组成、应急办公室及上下联动提出的要求，依据《国家电网有限公司应急工作管理规定》[国网（安监/2）483—2019]第十五条要求，各地市级、县级单位成立应急领导小组，组长由本单位主要负责人担任；副组长由其分管领导担任，成员由相关部门主要负责人组成。

（2）依据《国家电网有限公司应急工作管理规定》[国网（安监/2）483—2019]第九条和第十八条要求，各地市级、县级单位应急领导小组下设安全应急办公室和稳定应急办公室。安全应急办公室设在安全监察部门，负责自然灾害、事故灾难类突发事件，以及社会安全类突发事件造成的公司所属设施损坏、人员伤亡事件的有关工作。稳定应急办公室设在办公室（或综合管理部门），负责公共卫生、社会安全类突发事件的有关工作。

（3）应急领导小组成员应根据人事变动及时调整，依据《国家电网有限公司应急工作管理规定》［国网（安监/2）483—2019］第十五条要求，领导小组成员名单及常用通信联系方式应逐级上报备案，做到及时更新，及时报上级单位备案，保证上下级应急工作快速联动。

支撑材料：公司总体预案、大面积停电预案；公司应急领导小组成员调整的通知；公司应急组织机构联系方式（总体预案备案）；公司应急预案向上级（省、市公司）报备证明等。

【典型问题分析】

典型问题：公司应急领导小组设置不符合标准；公司应急领导小组成员名单及常用通信联系方式未及时更新，未按要求报上级单位备案。

成因分析：公司各部门应急管理人员对上级标准要求不学习、不掌握，不明白应急组织机构设置要求；应急领导小组成员人事调整频繁，应急领导小组成员调整更新滞后或未以书面文件等形式进行调整；应急管理人员缺乏主动履职意识，上级单位未组织，小组成员更新后未能主动按要求向上级单位报备。

1.1.1.2 保证体系

【标准原文】

建设内容：

1. 安全应急办公室和稳定应急办公室应负责开展安全、稳定应急管理和预案制定工作的监督检查；

2. 应由相关部门、单位根据突发事件类别成立专项事件应急处置领导机构；

3. 相关专业部门应急管理职责应清晰明确；

4. 各级专业部门和单位落实应急工作要求，做好风险监测预警，做好应急队伍管理和物资储备、应急抢险救灾、抢修恢复等应急处置及保障工作。

评估方法：查阅相关文件、制度、资料，检查落实情况。

评分标准：安全应急办公室和稳定应急办公室未开展安全、稳定应急管理和预案制定的监督检查，扣1分；各专业部门应急职责不明确，每发现一处扣1分；专业部门和单位未落实应急工作要求，每发现一处扣0.5分；扣完为止。

【释义】

（1）应设置或明确应急管理办事机构（应急办公室），具体负责本单位的应急管理工作；应急能力建设办公室设置在安监部。依据《国家电网有限公司应急工作管理规定》[国网（安监/2）483—2019]第六十九条：公司各单位应组织开展日常检查、专题检查和综合检查等活动，监督指导应急体系建设和运行、日常应急管理工作开展，以及突发事件处置等情况，并形成检查记录。安监部是本单位应急预案体系管理和监督的责任部门，应不定期对本单位和所属下级单位应急预案管理工作进行检查，通报检查结果，以指导各级单位不断完善和提升应急预案管理水平。

（2）依据《国家电网有限公司应急工作管理规定》[国网（安监/2）483—2019]第十五条要求，各地市级、县级单位成立应急领导小组，组长由本单位主要负责人担任。根据突发事件类别，成立大面积停电、地震、设备设施损坏、雨雪冰冻、台风、防汛、网络安全等若干专项事件应急处置领导小组，由本单位分管负责人担任。应急管理办公室和专、兼职应急管理人员的建立与配置，应以正式文件予以明确。

（3）依据《国家电网有限公司应急预案管理办法》[国网（安监/3）484—2019]第三条要求，公司各级单位负责本单位应急预案的管理，并指导和监督所属下级单位开展应急预案管理工作。各级单位主要负责人负责组织编制和实施本单位的应急预案，并对应急预案的真实性和实用性负责；各分管负责人应当按照职责分工落实应急预案规定的职责。各职能部门是相关预案管理和实施的责任部门。

（4）各地市级、县级单位应急管理归口部门及相关职能部门均应根据自身管理范围，制定计划，组织协调，开展应急体系相关内容建设，包括风险监测预警、应急队伍管理和物资储备、应急抢险救灾、抢修恢复等应急处置及保障等工作，确保应急体系运转良好，发挥应急体系作用，应对处置突发事件。

支撑材料：应急预案正式行文文件；应急预警通知，处置报告（应急工作督导通知、通报）；迎峰度夏（冬）应急保障措施方案；各单位现场处置方案、处置卡（应急手册、值班工作指南）；调度事故处置预案；彩虹、抢修、客服、舆情、专家等应急队伍清单；应急物资清单；应急演练和培训资料等。

【典型问题分析】

典型问题：应急管理归口部门未认真履行预案修编工作的监督检查职责，总体预案及部分专项应急预案内容存在"不符合本单位实际，操作性、针对性差"等方面的问题；未见相关管理部门对预案制定工作进行监督检查的相关记录。

成因分析：应急管理归口部门对应急预案编制、修订工作重视程度不够，对应急相关法律法规、上级单位预案及修编要求宣贯、培训不到位，修编过程中审核、审查及监督检查环节流于形式，应急预案内容问题较多。

1.1.2 应急规划

1.1.2.1 制定企业应急发展规划

【标准原文】

建设内容：应结合本企业实际制定应急发展规划，并纳入企业整体规划。

评估方法：查阅有关应急发展规划文件。

评分标准：未制定应急发展规划不得分。

【释义】

由省市级公司根据国网公司应急规划要求，参考国家应急体系规划，科学编制本单位应急体系建设规划。将应急体系建设规划纳入企业发展总体规划一并实施，对所辖县公司提出应急发展规划编制工作内容和要求，指导做好应急规划编制和实施工作。各县公司根据上级单位应急规划要求，结合本公司实际，细化、分解并严格落实上级单位应急规划要求，纳入本单位整体规划。

支撑材料：公司应急发展规划、总体发展规划等。

【典型问题分析】

典型问题：现阶段对于应急规划要求不明朗，部分公司未制定应急发展规划；已经编制的应急发展规划也未经过编审批手续，未正式行文发布，未纳入公司整体发展规划。

成因分析：部分公司相关人员对应急发展规划编制、实施认识不足、了解不够，上级公司也未下发应急规划相关文件，无指导性文件参考，现制定的应急发展规划实际为应付应急能力评估临时编制，大部分内容为应急工作总结，未真正将应急规划编制工作做到实处。

1.1.2.2 电网建设开展差异化规划设计

【标准原文】

建设内容：根据管辖区域可能发生的自然灾害、重要设备、电网薄弱环节及高危用户的特点，分析发生突发事件的几率与概率，应对重点城市、重要部位开展差异化规划设计。

评估方法：查阅有关差异化规划设计文件。

评分标准：重点城市、重要部位未开展差异化规划设计，发现一处扣 1 分；扣完为止。

【释义】

讨论研究被评估单位台风、雨雪冰冻、森林火灾、地震地质灾害等自然灾害风险情况，调查管辖区域重点枢纽变电站、重要变电站及电网薄弱环节及高危用户的特点，抽取特殊变电站、线路可研、设计、施工相关资料，按照《国家电网有限公司应急工作管理规定》〔国网（安监/2）483—2019〕第三十四条要求，在电网规划、设计、建设和运行过程中，应充分考虑自然灾害等各类突发事件影响，持续改善布局结构，使之满足防灾抗灾要求，符合国家预防和处置自然灾害等突发事件的需要。重点检查公司差异化设计情况。

支撑材料：本单位自然灾害风险资料；高危用户清单；重要部位变电站、输电线路差异化设计资料；重点项目可研报告等。

【典型问题分析】

典型问题：部分老旧变电站无设计资料，无法判断是否开展差异化规划设计。

成因分析：部分老旧变电站未留存设计资料。

1.1.2.3 应急发展规划组织实施

【标准原文】

建设内容：应按制定的应急发展规划逐步实施。

评估方法：查阅有关实施材料、记录，现场询问察看。

评分标准：未按规划进行实施，且未提供合理说明的，发现一处扣 1 分；扣完为止。

依据《国家电网有限公司应急工作管理规定》[国网（安监/2）483—2019]第三十四条"总（分）部及公司各单位均应组织编制应急体系建设规划，纳入企业发展总体规划一并实施。公司各单位还应据此建立应急体系建设项目储备库，逐年滚动修订完善建设项目，并制定年度应急工作计划，纳入本单位年度综合计划，同步实施，同步督查，同步考核。"及第三十五条"公司各单位应急管理归口部门及相关职能部门均应根据自身管理范围，制定计划，组织协调，开展应急体系相关内容建设，确保应急体系运转良好，发挥应急体系作用，应对处置突发事件。"要求，制定计划，组织协调，做好应急发展规划逐步实施工作。

支撑材料：应急预案修订、应急队伍培训和演练、应急物资装备配置维护、重点项目预算及实施等资料。

【典型问题分析】

典型问题：未编制应急发展规划；未按照应急规划逐步实施，项目实施滞后；实施资料不全。

成因分析：相关人员对应急发展规划编制、实施认识不足、了解不够，未编制应急发展规划或应急发展规划内容不符合公司实际，不利于规划实施。未真正将应急规划实施工作做到实处，不注意资料留存。

1.1.3 应急日常管理

1.1.3.1 工作总结

【标准原文】

建设内容：

1. 每季编制应急管理工作报表，主要内容包括：（1）应急管理和应急指挥机构基础情况季报表；（2）应急管理和应急指挥机构统计表；（3）应急预案编制情况统计表；（4）应急管理培训情况统计表；（5）应急指挥中心建设情况统计表；（6）应急演练开展情况统计表。

2. 编制年度计划报表：（1）应急培训计划表；（2）应急演练计划表；（3）应急体系建设重点项目表。

3. 每年应组织开展应急管理年度（半年）工作总结，编写年度（半年）总结报告。总结报告内容：（1）应急管理工作总体情况，主要包括组织体系建设及运转情况；日常工作开展情况（规章制度修编、预案修编、演练培训、应急值班、应急装备管理、预警响应、其他重点工作完成情况、统计其内发生的应急事件及其应对情况）；（2）安全生产应急管理工作存在的主要问题；（3）有关对策、意见和建议；（4）明年（下半年）工作思路和重点工作。

评估方法：查阅应急管理半年、年度总结报告、报表。

评分标准：无总结报告不得分；季、年报表及年度总结报告不全面，发现一处扣1分；针对总结报告中指出的问题未提出相应的对策和建议，发现一处扣1分；扣完为止。

【释义】

依据《国家电网有限公司应急工作管理规定》［国网（安监/2）483—2019］第四十七条要求，规范编制应急工作总结、季度报表，并及时上报。重点检查半年度、年度应急管理总结与公司实际开展工作对应情况。

支撑材料：应急管理季度报表；应急管理年度计划表；应急管理半年、年度总结等。

【典型问题分析】

典型问题：一个评估周期内的应急工作总结、工作报表不齐全；部分工作总结、工作报表内容不规范、不全面，存在内容不符合公司实际、照抄其他公司模板等问题；部分工作总结主要问题、有关对策意见和建议、明年（下半年）工作思路和重点工作等重要内容缺失。

成因分析：近几年上级单位对应急工作报表、总结的报送未做具体要求；相关人员工作缺乏主动性，应急管理业务水平参差不齐，导致部分公司未进行应急工作报表、总结编制或内容不全面。

1.1.3.2 案例管理

【标准原文】

建设内容：地市级供电企业应注意收集国内外各种类型重大事故应急救援的实战案例（含本单位应急处置案例），县级供电企业应及时收集系统内典型事故案例（含本单位应急处置案例），建立典型案例分析库，对典型事故筛选与分析，吸取经验教训，完善现有应急预案。

评估方法：查阅典型案例库。

评分标准：未建立典型案例分析库不得分；未进行统计分析扣 1 分；如上一年度有启动应急响应的情况，但未对应急响应情况纳入案例分析库，发现一项扣 0.5 分；扣完为止。

【释义】

询问供电企业应急救援的实战案例收集机制、责任人、渠道。根据自身特点，地市级供电企业重点收集国内外重大事故应急救援的实战案例，县级供电企业重点收集系统内典型事故案例，尤其是本省内、本单位典型事故案例。区分事故案例与事故通报区别。检查案例分析、总结资料、培训资料及预案修订相关资料。

支撑材料：典型案例库；典型事故筛选与分析资料；本单位应急处置相关资料等。

【典型问题分析】

典型问题：案例收集与分析不到位，未收集公司系统内外应急救援实战案例进行筛选分析，建立分析库；未见通过吸取事故教训提升本公司应急处置能力相关资料。

成因分析：应急救援实战案例收集整理学习分析意识不够，同时收集渠道受限，案例筛选、分析库建立及培训学习等工作停滞不前，个别应急管理人员未能理解事故通报和应急救援实战案例区别，仅注重收集事故通报，未开展应急救援实战案例收集。

1.2 应急预案体系

1.2.1 风险分析

1.2.1.1 电网风险分析

【标准原文】

建设内容：

1. 主供电网（500、330、220、110、35kV 等电压等级）结构清晰，如形成网络或可靠的两级及以上辐射型多回路供电通道；

2. 110kV 及以上电网在正常方式（包括计划检修方式）应满足"$N-1$"要求，

无法满足"$N-1$"的应制定有效的临时控制措施或应急预案；

3. 电网间联络线正常输送容量应处于合理水平，联络线出现故障各自系统应能保持稳定；

4. 应制定防止大面积停电措施，地市及以上电网应制定黑启动方案。

评估方法：查阅相关统计记录。

评分标准：未进行电网风险分析，不得分；风险分析不全面，每少一项扣 0.5 分；未定期进行隐患排查扣 1 分；未针对隐患采取防范措施，每发现一处扣 0.5 分；防范措施不当，每发现一处扣 0.5 分；未制定防止大面积停电措施扣 1 分，应制定但未制定黑启动方案扣 1 分；扣完为止。

【释义】

重点关注电网风险分析是否与实际情况相符，包括近几年来发生的事件、重大保电活动、枢纽型变电站建设情况。

支撑材料：公司年度主网、配网运行方式报告；本地区电网接线图，配电线路、公用台区台账；电网风险分析、事故拉路序列等；电网运行风险预警通知；隐患排查整治资料；电网迎峰度夏（冬）方案；电网事故处理预案以及演练资料；大面积停电预案等。

【典型问题分析】

典型问题：随着变电站改造工程的推进，部分变电站两台主变压器（简称"主变"）容量不均衡（一大一小），电网负荷高峰期间，110kV 及以上电网以正常方式负荷重载、过载，不满足主变"$N-1$"要求。

成因分析：由于历史遗留及规划建设等原因，导致各地电网仍存在薄弱环节。

1.2.1.2 人身、设备安全风险分析

【标准原文】

建设内容：应做好对触电、高空坠落、爆炸、爆破、起吊作业、中毒、窒息、机械伤害、火灾、烧烫伤、淹溺等人身安全风险以及特种设备事故、电气设备误操作、输变电主设备损坏、二次系统故障、施工机械事故等设备安全的风险分析，并定期组织实施生产安全事故隐患排查治理，实施危害辨识和风险评估，并量化风险等级，及时制定相应防范措施，防止人身伤亡和设备损坏事故的发生。

评估方法：查阅预案、现场处置方案等相关资料。

评分标准：未进行人身伤亡、设备事故风险分析不得分；未定期进行隐患排查扣1分；未针对隐患采取防范措施，每发现一处扣0.5分；防范措施不当，每发现一处扣0.5分；扣完为止。

【释义】

检查被评估单位风险分级管控和隐患排查治理双重预防体系内容、风险评估报告、应急资源调查报告及应急预案相关内容，是否结合公司实际进行了分析。按照《安全生产条例》第四条"生产经营单位对本单位的安全生产承担主体责任。生产经营单位应当建立健全全员安全生产责任制和安全生产规章制度，加大安全生产资金、物资、技术、人员的投入保障力度，改善安全生产条件，加强安全生产标准化、信息化建设，构建安全风险分级管控和隐患排查治理双重预防机制。"加强生产作业现场安全风险分析，制定安全可靠的防范措施，确保人身、设备、电网安全。

支撑材料：人身伤亡、设备事故应急预案、现场处置方案；春、秋检风险分析和安全防范措施；恶劣天气设备巡查和故障处置确保人身安全的措施；设备隐患排查整治记录等。

【典型问题分析】

典型问题：未制定春、秋检安全风险分析和管控措施；人身伤亡事件应急预案危险源分析部分内容不符合实际。

成因分析：应急能力评估组织工作重视不够，对标准内容不熟悉，春、秋检安全风险分析和管控措施痕迹化管理不够；人身伤亡事件应急预案不能根据公司实际开展危险源分析，存在照抄模板现象。

1.2.1.3 高危及重要用户风险分析

【标准原文】

建设内容：

1. 应做好所辖范围内重要用户的统计、分类与分级，制定重要电力用户名单，建立基础档案数据库，并指导重要电力用户排查治理安全用电隐患；重要电力用户名单应报地方人民政府有关部门批准并报电力监管机构备案；

2. 特级重要电力用户、一级重要电力用户、二级重要电力用户、临时性电力重要用户的电源配置应满足要求，不满足要求的应有备案资料；

3. 应制定电网负荷管理规定，并根据有序用电方案，编制所辖电网的紧急事故拉闸限电序位表，报政府有关部门批准；事故拉闸序位资料应齐全，并及时进行更新；

4. 应针对有需求的重要用户分别制定应急供电实施方案，以确保事故情况下应急发电车（机）能够迅速完成接入、提供应急电源；

5. 应与重要电力用户共同协商确定保安负荷，并报当地电力监管机构备案；

6. 按行政区划建立城市居住区台账清单，制定城市居住区突发停电事件应急处置预案。

评估方法：查看营销、运检、调度和重要用户等相关资料。

评分标准：未进行高危及重要用户风险分析，不得分；未定期进行隐患排查扣 1 分；未针对隐患采取防范措施，每发现一处扣 0.5 分；防范措施不当，每发现一处扣 0.5 分；未编制所辖电网的紧急事故拉闸限电序位表，扣 0.5 分；紧急事故拉闸限电序位表未及时更新，扣 0.5 分；未制定应急供电实施方案，扣 0.5 分；未与重要电力用户共同协商确定保安负荷，并报当地电力监管机构备案，扣 0.5 分；未按行政区划建立城市居住区台账清单，扣 0.5 分；未制定城市居住区突发停电事件应急处置预案，扣 0.5 分；扣完为止。

【释义】

履行《印发关于〈加强重要电力用户供电电源及自备应急电源配置监督管理的意见〉的通知》（电监安全〔2008〕43 号）（十）要求，供电企业要掌握重要电力用户自备应急电源的配置和使用情况，建立基础档案数据库，并指导重要电力用户排查治理用电安全隐患，安全使用自备应急电源。针对每家重要用户编制"一户一册"保供电工作方案，方案内容符合实际。形成重要电力用户名单，报地方人民政府有关部门批准并报电力监管机构备案。

供电企业应建立重要电力用户安全隐患排查机制，按照国家相关规定、标准，定期对重要电力用户供用电情况进行安全隐患排查。原则上特级和一级用户每季度排查一次，二级和临时用户每半年排查一次。及时将隐患问题反馈给用户，并督促用户进行问题整改。属于供电企业责任的安全隐患，供电企业应立即整改；属于电力用户责任的安全隐患，供电企业应及时向用户出具《隐患整改告知书》，为用户整改提供技术指导。电力用户应在 10 个工作日内制定整改方案，明确整改内容和时限。

特级重要电力用户、一级重要电力用户、二级重要电力用户、临时性电力重要用户的电源配置应满足要求，不满足要求的应有备案资料。

依据《重要电力用户供电电源及自备应急电源配置技术规范》(GB/T 29328—2018)：

6.2.2 特级重要电力用户应采用多电源供电；一级重要电力用户至少采用双电源供电；二级重要电力用户至少应采用双回路供电。重要电力用户典型供电模式，包括适用范围及其供电方式参见附录 C。

6.2.3 临时性重要电力用户按照用电负荷重要性，在条件允许情况下，可以通过临时敷设线路或移动发电设备等方式满足双回路或两条以上电源供电条件。参考相关标准，重要电力用户供电电源应采用多电源、双电源或双回路供电。当任何一路或一路以上电源发生故障时，至少仍有一路电源对保安负荷供电。

重要电力用户应配备自备应急电源，承担自备应急电源安全管理主体责任，负责自备应急电源的配备、维护、修复及可用性等。自备应急电源应与供电电源同步建设，同步投运。重要电力用户自备应急电源在供电企业登记备案。供电企业定期对重要电力用户配备的自备应急电源进行检查。

依据《供电营业规则》(1996 年 10 月 8 日中华人民共和国电力工业部第 8 号令)：

第五十二条 供电企业和用户都应加强供电和用电的运行管理，切实执行国家和电力行业制订的有关安全供用电的规程制度。用户执行其上级主管机关颁发的电气规程制度，除特殊专用的设备外，如与电力行业标准或规定有矛盾时，应以国家和电力行业标准或规定为准。供电企业和用户在必要时应制订本单位的现场规程。

《印发关于〈加强重要电力用户供电电源及自备应急电源配置监督管理的意见〉的通知》(电监安全〔2008〕43 号)规定，重要电力用户要制订自备应急电源运行操作、维护管理的规程制度和应急处置预案，并定期（至少每年一次）进行应急演练。

供电企业应督促指导重要电力用户编制反事故应急预案，每年至少开展一次反事故演练。在电网运行方式发生较大变化、存在可能影响重要电力用户用电安全情况时，供电企业应事先书面告知用户。重要电力用户应根据生产运行实际和用电负荷特性，合理实施停产、转移、转储、转产等应急保安措施。发生突发供电事故时，供电企业根据应急预案及时处置，快速抢修和恢复供电，并将相关信息及时告知重要电力用户。重要电力用户因内部故障引发停电时，立即告知当地供电企业、电力管理部门、行业安全生产主管部门和直接监管责任部门，供电企业应及时指导用户排除故障，帮助用户尽快恢复正常用电。

支撑材料：重要用户名单（政府文件）；高危及重要用户电源配置情况材料，高危及重要用户信息一览表（含保安负荷等信息）；有序用电方案、紧急事故拉闸和超负荷拉闸限电序位表以及备案情况；重要用户保安负荷及电源配置隐患在政府电力主管部门备案文件；有需求的重要用户应急供电实施方案；大型社区（1000 户及以上）清单及停电应急预案；重要保电事件应急预案等。

【典型问题分析】

典型问题：未建立城市居住区台账清单；未制定城市居住区突发停电事件应急处置预案。

成因分析：没有相关标准制度要求，不能理解相关要求，未建立城市居住区台账清单、城市居住区突发停电事件应急处置预案。

1.2.1.4　其他风险分析

【标准原文】

建设内容：

1. 根据本地区各类突发事件发生的可能性、后果严重程度及风险等级，利用科学的评估方法对每种风险类型进行评估，形成风险评估报告；

2. 风险评估报告内容应符合 Q/GDW 12244 的要求。

评估方法：查看预案等有关材料，现场询问察看。

评分标准：未开展危险源辨识的不得分；仅采用定性评估的扣 1 分；风险类型评估不全面，每缺少一项扣 0.5 分；风险评估报告内容不全面，每发现一处扣 0.5 分；扣完为止。

【释义】

依据《生产安全事故应急预案管理办法》（应急管理部令〔2019〕第 2 号）：

第十条　事故风险辨识、评估，是指针对不同事故种类及特点，识别存在的危险危害因素，分析事故可能产生的直接后果以及次生、衍生后果，评估各种后果的危害程度和影响范围，提出防范和控制事故风险措施的过程。

依据《生产经营单位生产安全事故应急预案编制导则》（GB/T 29639—2020）：

4.4 风险分析要求

根据公司实际，采用定性和定量评估方法对公司存在的风险进行系统分析，确定响应事故类别的风险等级。

在选择风险评估方法时可以参考《风险管理　风险评估技术》（GB/T 27921—2023）以及《电力突发事件风险评估与应急资源调查工作规范》（Q/GDW 12244—2022）的相关要求。

支撑材料：风险评估报告；各项专项应急预案或现场处置方案等。

【典型问题分析】

典型问题：目前各公司在应急预案中对危险源进行了辨识，但内容雷同，与本单位实际情况结合不足，未确定相关事故类别的风险等级。

成因分析：受公司预案编制人员的业务水平影响，对公司的风险分析流于形式，过于简单，未采用定性、定量评估方法对公司存在的风险进行系统分析。

1.2.2　预案管理

1.2.2.1　预案编制程序

【标准原文】

建设内容：按照 GB/T 29639、DL/T 2518 相关要求完成应急预案的编制，应急预案的编制应由企业主要负责人负责组织编制和实施；应急预案编制程序应包括成立应急预案编制工作组、资料收集、风险评估、应急资源调查、应急预案编制、桌面演练、应急预案评审和批准实施等步骤。

评估方法：查阅预案编制相关文件、风险评估、应急资源调查报告、桌面演练记录、编审批记录等。

评分标准：主要负责人未负责组织预案编制工作不得分；未进行风险评估和应急资源调查不得分；应急资源调查报告内容不全或不符合企业实际，每发现一处扣 0.5 分；预案编制完成后批准前未开展桌面演练不得分；扣完为止。

【释义】

本条为标准修订后增加的条款，对预案的编制程序提出了要求，强调企业主要负责人对预案编制工作负有主要责任，强调风险评估和应急资源调查作为预案编制中的重要一环不可缺失。依据《生产经营单位生产安全事故应急预案编制导则》（GB/T 29639—2020）、《电网企业应急预案编制导则》（DL/T 2518—2022）等要求，电网企业应急预案编制程序应包括成立应急预案编制工作组、资料收集、风险评估、应急资源调查、应急预案编制、桌面演练、应急预案评审和批准实施八个步骤。

应急预案本身作为应急管理工作中的重要组成部分，是应对处置突发事件的操作指南，包括了应对工作的各个环节。每个应急预案之间又相互衔接，形成预案体系。因此，应急预案的编制是一个系统工程，需要多个部门的协调合作，不是仅仅由安监部门自己完成的。因此《生产经营单位生产安全事故应急预案编制导则》（GB/T 29639—2020）中要求，生产经营单位主要负责人要对应急预案编制工作全面负责。

必须要成立应急预案编制工作组，由企业主要负责人任组长，吸收与应急预案有关的职能部门和单位的人员，以及有现场处置经验的人员参加。

在确立应急预案编制工作小组后，要制定预案编制工作计划，明确各个职能部门的责任和义务。在应急预案的编制过程中，各个部门应该共同合作，配合应急预案编制工作小组的工作。应急处置过程可能涉及技术、设备、后勤保障、物资装备和财务保障等各个环节，因此预案相关的企业各相关部门均应吸纳进编制组，编制组成员应包括相应部门的人员，以便理顺大家的职责，更好地确定相应环节应急启动的流程，同时，各部门的参与可以使得企业客观地评估自身各方面的应急能力和现状。

各预案在编制完成后批准前应通过开展桌面演练来检验应急预案实施的效果，并从演练中发现预案存在的问题，从而提高预案的可操作性与实用性。

依据《生产安全事故应急预案管理办法》（应急管理部令〔2019〕第 2 号）第五条：生产经营单位主要负责人负责组织编制和实施本单位的应急预案，并对应急预案的真实性和实用性负责；各分管负责人应当按照职责分工落实应急预案规定的职责。

依据《电网企业应急预案编制导则》（DL/T 2518—2022）5，电网企业应急预案编制程序应包括成立应急预案编制工作组、资料收集、风险评估、应急资源调查、应急预案编制、桌面演练、应急预案评审和批准实施八个步骤。

支撑材料：预案编制的相关过程文件资料（通知、预案编制计划、修订稿、工作小组文件等）；风险评估、应急资源调查报告；预案编制完成后利用桌面演练进行检验论证的记录、预案的编审批记录等。

典型问题：主要负责人未负责组织预案编制工作；预案编制前未进行风险评估和应急资源调查；风险评估内容不全面或与企业实际存在的风险情况不符；应急资源调查报告内容不全或不符合企业实际；预案编制完成后批准前未开展桌面演练对预案进行验证。

成因分析：企业应急预案编制相关责任人员对应急预案编制程序不熟悉，工作开展不规范，缺乏对预案编制相关知识的培训与学习。

1.2.2.2 总体（综合）应急预案

1.2.2.2.1 预案内容

【标准原文】

建设内容：

应结合企业安全生产和应急管理工作实际，并满足以下基本要求：

1. 符合与应急相关的法律、法规、规章制度和技术标准的要求；

2. 与事故风险分析和应急能力相适应；

3. 责任分工明确，责任落实到位；

4. 与上级及政府部门的应急预案有机衔接。

评估方法：查阅供电企业的总体（综合）应急预案。

评分标准：内容不符合企业安全生产和应急管理实际，扣 1 分；不满足基本要求，每发现一处扣 1 分；扣完为止。

【释义】

本条内容来源于《生产经营单位生产安全事故应急预案编制导则》（GB/T 29639—2020）、《电网企业应急预案编制导则》（DL/T 2518—2022）、《国家电网有限公司应急预案管理办法》［国网（安监/3）484—2019］中对预案编制的要求，明确要求在预案的编制过程中一定要注意结合企业安全生产和应急管理工作实际进行。

风险评估和应急资源调查是应急预案编制工作的基础。一个好的应急预案应是风险评估和应急资源调查全面、预案体系设计有针对性、应急组织体系合理、应急响应程序和措施科学、应急保障措施可行、预案衔接性好的预案。

依据《生产经营单位生产安全事故应急预案编制导则》（GB/T 29639—2020）：

4.6.1 应急预案编制应当遵循以人为本、依法依规、符合实际、注重实效的原则，以应急处置为核心，体现自救互救和先期处置的特点，做到职责明确、程序规范、措施科学，尽可能简明化、图表化、流程化。应急预案编制格式和要求参见附 C。

依据《电网企业应急预案编制导则》（DL/T 2518—2022）：

5.2.1 预案编制总体要求

预案编制应满足以下要求：

a）应在风险评估和应急资源调查的基础上编制，风险类型及应急能力符合本单位实际；

b）有明确、具体的突发事件预防措施、应急程序和应急保障措施；

c）预案内容应简明扼要，可操作性强，基本要素齐全、完整，附件信息准确；

d）相关应急预案之间以及所涉及的其他单位或政府有关部门的应急预案在内容上应相互衔接；

e）预案编制格式要求参见附录 C。

依据《国家电网有限公司应急预案管理办法》[国网（安监/3）484—2019]：

第九条 应急预案的编制应符合下列基本要求：

（一）有关法律、法规、规章和标准的规定；

（二）本单位的安全生产实际情况；

（三）本单位的危险性分析情况；

（四）明确应急组织和人员的职责分工，并有具体的落实措施；

（五）有明确、具体的应急程序和处置措施，并与其应急能力相适应；

（六）明确应急保障措施，满足本单位的应急工作需要；

（七）遵循公司的应急预案编制规范和格式要求，要素齐全、完整，预案附件信息准确；

（八）相关应急预案之间以及与所涉及的其他单位或政府有关部门的应急预案在内容上相互衔接。

支撑材料：企业的总体（综合）应急预案。

【典型问题分析】

典型问题：引用法律、法规、规章和标准错误；总体应急预案内容站在上级单位角度编写，不符合公司实际，不具有针对性；应急组织和人员的职责分工不明确；总体应急预案与上级单位或政府有关部门的总体应急预案在内容上没有建立有效衔接；

未建立政府与企业之间的应急联动机制，无法统筹配置应急救援组织机构、队伍、装备和物资，无法共享区域应急资源；总体应急预案批准页不规范，缺少会签部门，编审批流程不齐全。

成因分析：预案编制时公司各部门参与度不高，仅靠安监部人员，且照抄上级单位预案模板，对预案职责、处置流程不了解、不核实；预案编制责任单位相关人员缺乏应急预案编制的相关理论知识和现场经验，不能对预案对应的风险进行准确的预测，造成应急预案操作与实际情况不匹配；此外，应急预案在编制完成后缺乏演练和实战的检验，没有及时发现预案的不足之处，也没有根据日益更替的法律法规、行业标准等进行改进、修订，导致总体（综合）应急预案与生产实际脱节以及可操作性不强等问题。

1.2.2.2.2　预案结构

【标准原文】

建设内容：应符合 GB/T 29639、DL/T 2518 规定的综合应急预案内容及附件内容，包括但不限于：总则、应急组织机构及职责、监测预警、应急响应、信息报告与发布、后期处置、应急保障、附件。附件内容包括单位概况、风险评估结果、预案体系与衔接、应急物资装备名录或清单、有关应急机构或人员的联系方式、格式化文本、关键路线、标识和图纸、有关协议和备忘录等。

评估方法：查阅总体（综合）应急预案。

评分标准：预案结构未涵盖导则规定内容，每发现一处扣 1 分；扣完为止。

【释义】

本条对企业编制总体应急预案的结构内容提出了要求，明确总体（综合）预案内容和附件的编制一定要符合《生产经营单位生产安全事故应急预案编制导则》（GB/T 29639—2020）和《电网企业应急预案编制导则》（DL/T 2518—2022）中对总体（综合）预案结构内容的相关要求。

依据《生产经营单位生产安全事故应急预案编制导则》（GB/T 29639—2020）6 综合应急预案内容、9 附件及《电网企业应急预案编制导则》（DL/T 2518—2022）6 综合应急预案主要内容等要求，总体应急预案的结构内容应包括但不限于：总则、应急组织机构及职责、监测预警、应急响应、信息报告与发布、后期处置、应急保障、附件。企业编制的总体应急预案至少应包含以上八个部分，可以根据本企业的实际情况适当增加内容，但不可减少。

支撑材料：企业总体（综合）应急预案。

【典型问题分析】

典型问题：总体应急预案的结构不符合《生产经营单位生产安全事故应急预案编制导则》（GB/T 29639—2020）和《电网企业应急预案编制导则》（DL/T 2518—2022）的相关要求，预案基本要素不完整，附件信息不全或附件配置有误。

成因分析：预案编制责任单位相关人员对预案编制相关规范和要求不熟悉，对总体应急预案的结构不熟悉，责任心不强，预案编制走过场、抄模板。

1.2.2.3 专项应急预案

1.2.2.3.1 自然灾害类专项应急预案

【标准原文】

建设内容：

自然灾害类专项应急预案包括：

1. 台风（大风）灾害应急预案；

2. 防汛应急预案；

3. 雨雪冰冻灾害应急预案；

4. 地震灾害应急预案；

5. 地质灾害应急预案；

6. 森林草原火灾事件应急预案。

（各单位参照国网公司系统应急预案体系框架，根据风险评估结果自行增减预案）

评估方法：查阅供电企业的自然灾害类专项应急预案。

评分标准：预案应符合当地气候条件及地理位置，预案不齐全，每缺少一项扣 1 分；预案内容不符合企业安全生产和应急管理实际，每项扣 1 分；扣完为止。

【释义】

本条是对企业应编制的自然灾害类的专项应急预案的类别的评估，企业在制定自然灾害类应急预案时要注意结合本单位自然灾害风险评估的结果，不要机械照搬应急预案体系框架，对本单位影响较小的风险可以不用制定对应的专项预案。

依据《电网企业应急预案编制导则》（DL/T 2518—2022）附录 D（资料性）专项应急预案目录（指导性参考目录）：

D.1 自然灾害类

自然灾害类应急预案一般宜包括以下内容：

a）雨雪冰冻灾害应急预案；

b）台风灾害应急预案；

c）防汛应急预案；

d）地震地质灾害应急预案。

支撑材料：企业的自然灾害风险评估结果、企业的自然灾害类专项应急预案等。

【典型问题分析】

典型问题：编制的自然灾害类专项预案不齐全，与本单位生产实际以及风险分析的结果不符；预案的设置与当地的气候条件及地理位置不符（例如：无山的平原地区编制了包含山体滑坡的地质灾害预案，内陆不受台风灾害影响的地区编制了台风灾害应急预案等），未与上级单位以及本单位其他相关联的预案进行有效的衔接。

成因分析：自然灾害类专项预案编制责任单位相关人员对预案编制相关规范和要求不熟悉，未开展风险分析并根据风险分析的结果编制符合实际的应急预案，对本单位的应急预案体系不熟悉。

- -

1.2.2.3.2 事故灾难类专项应急预案

【标准原文】

建设内容：

事故灾难类专项应急预案包括：

1. 人身伤亡事件应急预案；

2. 交通事故应急预案；

3. 大面积停电事件应急预案；

4. 设备设施损坏事件应急预案；

5. 大型施工机械事故应急预案；

6. 突发环境事件应急预案；

7. 通信系统突发事件应急预案；

8. 调度自动化系统故障应急预案；

9. 配电自动化系统故障应急预案；

10. 重要场所消防安全应急预案；

11. 设备设施消防安全应急预案；

12. 特高压换流站（变电站）火灾事件应急预案；

13. 城市地下电缆火灾及损毁事件应急预案；

14. 地下变电站火灾事件应急预案。

（各单位参照国网公司系统应急预案体系框架，根据风险评估结果自行增减预案）

评估方法：查阅供电企业的事故灾难类专项应急预案。

评分标准：预案不齐全，每缺少一项扣 1 分；预案内容不符合企业安全生产和应急管理实际，每项扣 1 分；扣完为止。

【释义】

本条对企业应编制的事故灾难类的专项应急预案的类别提出了要求，在制定事故灾难类应急预案时要注意结合本单位事故灾难风险评估的结果，不要机械照搬应急预案体系框架，对本单位影响较小的事故灾难风险可以不用制定对应的专项预案。

依据《电网企业应急预案编制导则》（DL/T 2518—2022）附录 D（资料性）专项应急预案目录（指导性参考目录）：

D.2 事故灾难类

事故灾难类应急预案一般宜包括以下内容：

a）人身伤亡事件应急预案；

b）火灾事故（生产经营区域、办公区域等）应急预案；

c）交通事故应急预案；

d）大面积停电事件应急预案；

e）设备设施损坏事件应急预案；

f）网络与信息系统突发事件应急预案；

g）通信系统突发事件应急预案；

h）突发环境事件应急预案；

i）水电厂垮坝、水淹厂房事件应急预案；

j）电力监控系统网络安全事件应急预案；

k）调度自动化系统故障应急预案；

1) 配电自动化系统故障应急预案；

m) 特高压换流站/变电站火灾事件应急预案；

n) 森林草原火灾事件应急预案；

o) 城市地下电缆火灾及损毁事件应急预案；

p) 地下变电站火灾事件应急预案。

支撑材料：企业的事故灾难风险评估结果；企业的事故灾难类专项应急预案等。

【典型问题分析】

典型问题：编制的事故灾难类专项预案不齐全，与风险分析的结果不符（例如：无森林草原的地区编制了森林草原火灾应急预案；无地下变电站却编制了地下变电站火灾事件应急预案等）；未与上级单位以及本单位其他相关联的预案进行有效的衔接。

成因分析：专项预案编制责任单位相关人员对预案编制相关规范和要求不熟悉，未开展风险分析并根据风险分析的结果编制符合实际的应急预案，对本单位的应急预案体系不熟悉，在预案编制的过程中各相关单位缺少有效的沟通。

1.2.2.3.3 公共卫生事件类专项应急预案

【标准原文】

建设内容：应有突发公共卫生事件应急预案。

评估方法：查阅供电企业的公共卫生事件类专项应急预案。

评分标准：预案未制定，不得分；预案内容不符合企业安全生产和应急管理实际，扣 0.5 分；扣完为止。

【释义】

本条要求企业应编制突发公共卫生事件专项应急预案，编制时应充分考虑企业可能发生的各类突发公共卫生事件，内容建议包含传染病事件、群体性不明原因疾病事件、食物中毒事件等。

依据《电网企业应急预案编制导则》（DL/T 2518—2022）附录 D（资料性）专项应急预案目录（指导性参考目录）：

D.3 公共卫生事件类

公共卫生类应急预案一般宜包括以下内容：

a) 传染病事件应急预案；

b）群体性不明原因疾病事件应急预案；

c）食物中毒应急预案。

支撑材料：企业的公共卫生风险评估结果；企业的公共卫生事件类专项应急预案等。

【典型问题分析】

典型问题：未编制公共卫生事件专项预案；编制的公共卫生事件专项预案类别不齐全；编制的公共卫生事件专项预案与风险分析的结果不符；未与上级单位以及本单位其他相关联的预案进行有效的衔接。

成因分析：专项预案编制责任单位相关人员对预案编制相关规范和要求不熟悉，未开展公共卫生事件风险分析并根据风险分析的结果编制与实际符合的专项应急预案，对本单位的应急预案体系不熟悉，在预案编制的过程中各相关单位缺少有效的沟通。

1.2.2.3.4 社会安全事件类专项应急预案

【标准原文】

建设内容：

社会安全事件类专项应急预案应包括：

1. 电力服务事件应急预案；

2. 电力短缺事件应急预案；

3. 重要保电事件（客户侧）应急预案；

4. 企业突发群体性事件应急预案；

5. 社会涉电突发群体性事件应急预案；

6. 新闻突发事件应急预案；

7. 涉外突发事件应急预案；

8. 电力监控系统网络安全事件应急预案；

9. 网络与信息系统突发事件应急预案；

10. 重点生产场所、辅助用房等重点防护目标突发恐怖袭击事件应急预案；

11. 电力保供应急预案。

（各单位参照国网公司系统应急预案体系框架，根据风险评估结果自行增减预案）

评估方法：查阅供电企业的社会安全事件类专项应急预案。

评分标准：预案不齐全，每缺少一项扣 1 分；预案内容不符合企业安全生产和应急管理实际，每项扣 1 分；扣完为止。

【释义】

本条对企业应编制的社会安全事件的专项应急预案的类别和预案内容的符合性提出了要求，在制定社会安全事件应急预案时要注意结合本单位社会安全事件风险评估的结果，不要机械照搬应急预案体系框架，对本单位影响较小的社会安全事件可以不制定对应的专项预案。

依据《电网企业应急预案编制导则》（DL/T 2518—2022）附录 D（资料性）专项应急预案目录（指导性参考目录）：

D.4　社会安全事件类

社会安全类应急预案一般宜包括以下内容：

a）电力服务事件应急预案；

b）电力短缺事件应急预案；

c）重要保电事件应急预案；

d）突发群体事件应急预案；

e）新闻突发事件应急预案；

f）涉外突发事件应急预案；

g）防恐应急预案。

支撑材料：企业的社会安全风险评估结果；企业的社会安全事件类专项应急预案等。

【典型问题分析】

典型问题：未编制社会安全事件专项应急预案或者编制的社会安全事件专项预案不齐全；编制社会安全事件专项预案与企业的生产实际以及风险分析的结果不符；未与上级单位以及本单位其他相关联的预案进行有效的衔接。

成因分析：专项预案编制责任单位相关人员对预案编制相关规范和要求不熟悉，未开展风险分析并根据风险分析的结果编制与工作实际符合的社会安全事件专项应急预案，对本单位的应急预案体系不熟悉，在预案编制的过程中各相关单位缺少有效的沟通。

1.2.2.3.5 预案结构

【标准原文】

建设内容：应符合 GB/T 29639、DL/T 2518 规定的专项应急预案内容及附件内容，包括但不限于适用范围、应急组织机构及职责、响应启动、处置措施、应急保障、附件。

评估方法：查阅供电企业的专项应急预案。

评分标准：内容不符合导则，发现一处扣 1 分；扣完为止。

【释义】

本条对企业编制的专项应急预案结构进行评估，明确了专项预案的内容和附件的编制一定要符合《生产经营单位生产安全事故应急预案编制导则》（GB/T 29639—2020）和《电网企业应急预案编制导则》（DL/T 2518—2022）中对专项预案结构的相关要求。

依据《生产经营单位生产安全事故应急预案编制导则》（GB/T 29639—2020）7 专项应急预案内容、9 附件以及《电网企业应急预案编制导则》（DL/T 2518—2022）7 专项应急预案主要内容等要求，专项应急预案的结构应包括但不限于适用范围、应急组织机构及职责、响应启动、处置措施、应急保障、附件。企业编制的专项预案的结构至少应包含以上六个部分，可以根据本企业的实际情况适当增加，但不可减少。

支撑材料：企业专项应急预案等。

【典型问题分析】

典型问题：专项应急预案的结构不符合《生产经营单位生产安全事故应急预案编制导则》（GB/T 29639—2020）和《电网企业应急预案编制导则》（DL/T 2518—2022）的相关要求，预案基本要素不齐全，缺少附件或者附件信息不正确。

成因分析：预案编制责任单位相关人员对预案编制相关规范和要求不熟悉，对专项应急预案的结构不熟悉，责任心不强，预案编制走过场、抄模板。

1.2.2.4 现场处置方案及处置卡

1.2.2.4.1 自然灾害类现场处置方案

【标准原文】

建设内容：

1. 突发地震现场处置方案；

2. 突发水灾现场处置方案；

3. 作业人员遭遇雷电天气现场处置方案。

（各单位可结合实际增减方案）

评估方法：查阅供电企业现场处置方案。

评分标准：方案不齐全，每缺少一项扣 0.5 分；未按要求发布，每缺少一项扣 0.5 分；扣完为止。

【释义】

本条是对企业应编制的自然灾害类现场处置方案的评估，同时要求现场处置方案编制完成后要在其适用范围内按要求完成批准与发布。自然灾害类现场处置方案的种类设置应与公司风险评估的结果相符合，在详细分析现场自然灾害风险和危险源的基础上，根据公司实际编制现场处置方案。

自然灾害类现场处置方案应经过基层单位或相关部门主要负责人签署，由编制责任部门发布，并报送本单位专业管理部门。

支撑材料：风险评估报告、自然灾害类现场处置方案、自然灾害类现场处置方案签署发布的相关文件等。

【典型问题分析】

典型问题：编制的自然灾害类现场处置方案种类不齐全；自然灾害类现场处置方案未按要求发布。

成因分析：现场处置方案编制责任单位相关人员对现场处置方案编制的相关规范和要求不熟悉，未开展风险分析并根据风险分析的结果编制与工作实际符合的现场处置方案。

1.2.2.4.2　事故灾难类现场处置方案

【标准原文】

建设内容：

1. 火灾事故现场处置方案（变电站）；

2. 火灾事故现场处置方案（办公场所）；

3. 水灾事故现场处置方案（变电站）；

4. 水灾事故现场处置方案（办公场所）；

5. 交通事故现场处置方案；

6. 低压触电现场处置方案；

7. 高压触电现场处置方案；

8. 人员高空坠落现场处置方案；

9. 动物袭击事件现场处置方案；

10. 作业现场坍（垮）塌事件现场处置方案；

11. 溺水事件现场处置方案；

12. 有限空间作业突发事件现场处置方案。

（各单位可结合实际增减方案）

评估方法：查阅供电企业现场处置方案。

评分标准：方案不齐全，每缺少一项扣 0.5 分；未按要求发布，每缺少一项扣 0.5 分；扣完为止。

【释义】

本条是对企业应编制的事故灾难类现场处置方案的评估，同时要求现场处置方案编制完成后要在其适用范围内按要求完成批准与发布。事故灾难类现场处置方案的种类设置应与公司风险评估的结果相符合，在详细分析各类事故灾难风险和危险源的基础上，根据公司实际编制现场处置方案。

事故灾难类现场处置方案应经过基层单位或相关部门主要负责人签署，由编制责任部门发布，并报送本单位专业管理部门。

支撑材料：风险评估报告、事故灾难类现场处置方案、事故灾难类现场处置方案签署发布的相关文件等。

【典型问题分析】

典型问题：企业编制的事故灾难类现场处置方案种类不齐全；事故灾难类现场处置方案未按要求发布。

成因分析：现场处置方案编制责任单位相关人员对现场处置方案编制的相关规范和要求不熟悉，未开展风险分析并根据风险分析的结果编制与工作实际符合的现场处置方案。

1.2.2.4.3 公共卫生事件类现场处置方案

【标准原文】

建设内容：

1. 食物中毒现场应急处置方案；

2. 防疫现场处置方案。

（各单位可结合实际增减方案）

评估方法：查阅供电企业现场处置方案。

评分标准：方案不齐全，每缺少一项扣 0.5 分；未按要求发布，每缺少一项扣 0.5 分；扣完为止。

【释义】

此条是对企业应编制的公共卫生事件类现场处置方案的评估，同时要求现场处置方案编制完成后按要求完成批准发布。公共卫生事件类现场处置方案的种类设置应与公司风险评估的结果相符合，在详细分析公司可能发生的公共卫生事件风险和危险源的基础上，根据公司实际编制现场处置方案。

公共卫生事件类现场处置方案应经过基层单位或相关部门主要负责人签署，由编制责任部门发布，并报送本单位专业管理部门。

支撑材料：风险评估报告、公共卫生类现场处置方案、公共卫生类现场处置方案签署发布的相关文件等。

【典型问题分析】

典型问题：企业编制的公共卫生类现场处置方案种类不齐全；公共卫生类现场处置方案未按要求发布。

成因分析：现场处置方案编制责任单位相关人员对现场处置方案编制的相关规范和要求不熟悉，未开展风险分析并根据风险分析的结果编制与工作实际符合的现场处置方案。

1.2.2.4.4 社会安全事件类现场处置方案

【标准原文】

建设内容：

1. 外来人员强行进入变电站现场处置方案；

2. 人员上访现场处置方案。

（各单位可结合实际增减方案）

评估方法：查阅供电企业现场处置方案。

评分标准：方案不齐全，每缺少一项扣 0.5 分；未按要求发布，每缺少一项扣 0.5 分；扣完为止。

【释义】

此条规定了企业应编制的社会安全事件类现场处置方案的种类，同时要求现场处置方案编制完成后按要求完成发布。社会安全事件类现场处置方案的种类设置应与公司风险评估的结果相符合，应在详细分析公司可能发生的社会安全事件风险和危险源的基础上，根据公司实际编制现场处置方案。

社会安全事件类现场处置方案应经过基层单位或相关部门主要负责人签署，由编制责任部门发布，并报送本单位专业管理部门。

支撑材料：风险评估报告、社会安全事件类现场处置方案、社会安全事件类现场处置方案签署发布的相关文件等。

【典型问题分析】

典型问题：企业编制的社会安全事件类现场处置方案种类不齐全；社会安全事件类现场处置方案未由主要负责人签署发布。

成因分析：现场处置方案编制责任单位相关人员对现场处置方案编制的相关规范和要求不熟悉，未开展风险分析并根据风险分析的结果编制与工作实际符合的现场处置方案。

1.2.2.4.5 现场处置方案内容

【标准原文】

建设内容：

现场处置方案的结构和内容包括：

（1）风险及危害程度分析；

（2）应急工作职责；

（3）应急处置；

（4）注意事项。

评估方法：查阅供电企业现场处置方案。

评分标准：现场处置方案内容不符合要求，每项扣 0.5 分；扣完为止。

【释义】

本条是对现场处置方案结构和内容的评估，明确了现场处置方案的结构和内容。依据《生产经营单位生产安全事故应急预案编制导则》（GB/T 29639—2020）8 现场处置方案主要内容、《电网企业应急预案编制导则》（DL/T 2518—2022）8 现场处置方案主要内容、《国家电网有限公司应急预案编制规范》（Q/GDW 11958—2020）9 现场处置方案主要内容等要求，现场处置方案至少要包括：风险及危害程度分析、应急工作职责、应急处置、注意事项等四部分内容。

现场处置方案在整个应急预案体系中是重要的一级，现场处置方案在编制过程中应该结合岗位工作实际，是现场操作人员处理现场事故时的优先选择，尤其要注意与上层预案进行有效的衔接。因此，现场处置方案的内容应遵循全面、科学、有可操作性的总体原则进行编写，现场处置方案的总体要求、编写程序、主要内容应与本单位综合（总体）应急预案或者专项应急预案协调一致，是一个统一的有机整体。

支撑材料：企业现场处置方案等。

【典型问题分析】

典型问题：现场处置方案内容不符合要求。风险及危害程度分析与岗位实际不符，未分析可能引发的次生、衍生事故；未根据处置方案对应的现场工作岗位、组织形式及人员构成，明确各岗位人员的应急工作分工和职责；未明确现场应急处置措施或者处置措施内容不全面；未明确信息报告负责人以及电话，上级管理部门、相关应急救援单位联系人员和电话，信息报告内容及基本要求；未编制注意事项或注意事项内容不全面等；现场处置方案的衔接性不足，未与相关的专项应急预案进行有效的衔接。

成因分析：现场处置方案的编制责任单位相关人员对现场处置方案编制相关规范和要求不熟悉，对现场处置方案的结构不熟悉，责任心不强，现场处置方案的编制走过场、抄模板；现场处置方案编制人员对本单位应急预案体系不熟悉，在现场处置编制的过程中各相关单位缺乏有效的沟通协调机制。

1.2.2.4.6 应急处置卡

【标准原文】

建设内容：

1. 重点岗位应制定应急处置卡；

2. 重点岗位应包括但不限于：调度运行、变电运检、变电运维、输电运检、带电作业、配电运检等；

3. 应急处置卡主要内容一般包括：事故现象、应急处置要点、重点岗位名称和相关人员联系方式等内容，便于从业人员携带。

评估方法：查阅供电企业应急处置卡。

评分标准：重点岗位未制定应急处置卡的，发现一处扣 0.5 分；内容不全面的，发现一处扣 0.5 分；扣完为止。

【释义】

本条内容对重点岗位的应急处置卡的设置提出了要求，解释了重点岗位应包括但不限于调度运行、变电运检、变电运维、输电运检、带电作业、配电运检等，明确了应急处置卡的主要内容，同时强调应急处置卡内容应简明、实用、有效且便于携带。

在应急预案的实施中，应急处置卡是一种十分有效的工具。处置卡是指在预案基础上，通过系统化、科学化的方法，将应急预案的操作程序细化，进行事故处理和应急处置时的操作步骤和措施，进行完善的记录，并设置防误措施的一种手段。处置卡是整个预案灵活性和可操作性的体现，能够在紧急情况下引导处置人员进行正确、高效的处置行动；编制应急处置卡可提高突发事件过程中应急处置的及时性和准确性，避免冗长繁杂的应急预案在员工培训、学习及演练中难以落实。

依据《生产安全事故应急预案管理办法》（应急管理部令〔2019〕第 2 号）、《电网企业应急预案编制导则》（DL/T 2518—2022）、《国家电网有限公司应急预案管理办法》[国网（安监/3）484—2019] 相关要求，应急处置卡主要包括以下内容：

（1）应急组织机构功能组应急处置卡应展示本单位不同层级应急组织机构功能组，以及有关负责人的应急处置程序和措施；

（2）基层重点岗位应急处置卡应展示现场处置方案中该岗位应急处置的步骤要点，便于携带；

（3）明确重点岗位名称及其应急工作职责；

（4）明确信息报告、先期处置、应急处置流程及关键措施、注意事项；

（5）涉及部门、人员（内部、外部）应急联系方式。

支撑材料：重点岗位应急处置卡等。

【典型问题分析】

典型问题：部分重点岗位未设置应急处置卡；应急处置卡内容不完善，未明确重点应急工作职责，应急处置程序和措施不符合岗位工作实际，缺少涉及部门、人员（内部、外部）应急联系方式等。

成因分析：应急处置卡编制责任人员对重点岗位工作职责要点以及工作流程不熟悉，照搬模板致使编制的应急处置卡脱离工作实际。

1.2.2.5 预案评审、发布与备案

【标准原文】

建设内容：

1. 供电企业应急预案应按照《国家电网有限公司应急预案评审管理办法》[国网（安监/3）485—2019]的有关要求组织预案评审；

2. 评审通过的应急预案由本单位主要负责人签署发布；

3. 应急预案发布后，应按要求报上级主管单位及政府相关部门备案。

评估方法：查阅供电企业事故应急预案的评审记录、审批、备案文件。

评分标准：未组织预案评审，每个预案扣 0.5 分；预案评审不规范，每个预案扣 0.5 分；未经主要负责人签署发布，每个预案扣 0.5 分；未报上级主管单位及政府相关部门备案扣 1 分；扣完为止。

【释义】

本条是对企业应急预案的评审、发布与备案工作符合情况的评估。

应急预案编制完成后，首先应征求应急管理归口部门和其他相关部门的意见，并组织桌面演练进行论证。如有需要，可对多个应急预案组织开展联合桌面演练。演练应当记录、存档。涉及政府有关部门或其他单位职责的应急预案，应书面征求相关部门和单位的意见。

应急预案推演论证工作完成后，应组织评审。总体应急预案的评审由本单位应急管理归口部门组织；专项应急预案、部门应急预案和现场处置方案的评审由预案编制

责任部门负责组织。评审分为内部评审和外部评审，内部评审由生产经营单位主要负责人组织有关部门评审，外部评审由生产经营单位组织外部有关专家和人员进行评审。应急预案经评审或者论证后，由预案编制工作小组根据评审（论证）意见修改（修订）。

应急预案经评审合格后，由生产经营单位主要负责人签发实施，并向上级单位及政府相关部门进行备案管理，备案应在评审完成后的 20 个工作日内完成。

要注意应急预案的发布不仅包括总体应急预案和专项应急预案，现场处置方案也需要完成编制、审核与发布的流程。

具体依据《生产安全事故应急预案管理办法》（应急管理部令〔2019〕第 2 号）第三章 应急预案的评审、公布和备案、《生产经营单位生产安全事故应急预案编制导则》（GB/T 29639—2020）4.8 应急预案评审、《电网企业应急预案编制导则》（DL/T 2518—2022）5.1.8 应急预案评审、《电力企业应急预案评审和备案细则》（国能安全〔2014〕953 号）等要求开展评审、发布及备案。

支撑材料：预案编制完成后评审前组织对预案进行桌面演练和论证的记录资料；预案评审的相关过程资料（如评审会议纪要、形式评审表、要素评审表等）；预案评审中专家提出的问题的整改记录；主要负责人签署发布预案的记录文件；应急预案报上级单位和政府相关部门备案的文件等。

【典型问题分析】

典型问题：未按照《国家电网有限公司应急预案评审管理办法》〔国网（安监/3）485—2019〕的有关要求组织预案评审；预案评审不规范，相关记录不全，预案评审中专家提出的有关问题未及时进行整改；预案未经主要负责人签署发布；未报上级主管单位及政府相关部门备案。

成因分析：应急预案管理相关人员对应急预案评审、发布和备案工作认识不足；对应急预案管理相关法律法规及标准要求未理解、未掌握，工作流程不熟悉。

1.2.2.6 预案评估与修订

【标准原文】

建设内容：

1. 按照《国家电网有限公司应急预案管理办法》〔国网（安监/3）484—2019〕的有关要求，公司各级单位应每三年至少进行一次应急预案适用情况的评估，分析评价其针对性、实效性和操作性，实现应急预案的动态优化，并编制评估报告；

2. 按照《电力企业应急预案评审与备案细则》（国能综安全〔2014〕953 号）及《国家电网有限公司应急预案管理办法》[国网（安监/3）484—2019]的要求，应急预案每三年至少修订一次，根据应急管理法律法规和有关标准变化情况、企业安全生产形势和问题、应急处置经验教训、应急组织机构和人员的联系方式变化情况等，及时对预案进行更新。

评估方法：查阅供电企业事故应急预案、预案评估报告及相关内容。

评分标准：未对预案适用性进行定期评估，每发现一个扣 0.5 分；预案未及时修订的，每发现一个扣 0.5 分；扣完为止。

【释义】

本条分别对应急预案的适用性评估和定期修订提出了要求，适用性评估和修订是应急预案动态化管理的一环，要求至少每三年进行一次应急预案的适用性评估，通过评估发现应急预案需要修订的应立即对其进行修订，应保存预案评估和修订的相关过程记录资料。

应急预案定期评估是应急预案管理工作的重要环节。预案评估为预案实施阶段的内容，主要在预案演练或者实施后，对预案内容的针对性和实用性进行分析，并对应急预案是否需要修订做出结论。通过评估，可以检验预案的针对性、实用性和可操作性，实现应急预案的动态优化和科学规范管理。

此外，还应当注意预案修订后不一定都需要重新进行预案的编制、评审与发布、备案程序，只有当应急预案修订涉及应急组织体系与职责、应急处置程序、主要处置措施、事件分级标准等重要内容的，修订工作才需要重新履行预案编制、评审与发布、备案程序。仅涉及其他内容的，修订程序可根据情况适当简化。

依据《生产安全事故应急预案管理办法》（应急管理部令〔2019〕第 2 号）：

第三十五条 应急预案编制单位应当建立应急预案定期评估制度，对预案内容的针对性和实用性进行分析，并对应急预案是否需要修订做出结论。矿山、金属冶炼、建筑施工企业和易燃易爆物品、危险化学品等危险物品的生产、经营、储存、运输企业、使用危险化学品达到国家规定数量的化工企业、烟花爆竹生产、批发经营企业和中型规模以上的其他生产经营单位，应当每三年进行一次应急预案评估。应急预案评估可以邀请相关专业机构或者有关专家、有实际应急救援工作经验的人员参加，必要时可以委托安全生产技术服务机构实施。

第三十六条 有下列情形之一的，应急预案应当及时修订并归档：

（一）依据的法律、法规、规章、标准及上位预案中的有关规定发生重大变化的；

（二）应急指挥机构及其职责发生调整的；

（三）安全生产面临的风险发生重大变化的；

（四）重要应急资源发生重大变化的；

（五）在应急演练和事故应急救援中发现需要修订预案的重大问题的；

（六）编制单位认为应当修订的其他情况。

第三十七条 应急预案修订涉及组织指挥体系与职责、应急处置程序、主要处置措施、应急响应分级等内容变更的，修订工作应当参照本办法规定的应急预案编制程序进行，并按照有关应急预案报备程序重新备案。

依据《电网企业应急预案编制导则》（DL/T 2518—2022）：

5.3 应急预案修订要求

5.3.1 一般修订要求

应急预案编制单位应每三年进行一次评估，并对应急预案是否需要修订做出结论。

5.3.2 实时修订要求

有下列情形之一的，应急预案应当实时修订并及时归档：

a）制定预案所依据的法律、法规、规章、标准及上位预案中的有关规定发生重大变化的；

b）应急组织机构及其职责发生调整的；

c）面临的风险发生重大变化的；

d）重要应急资源发生重大变化的；

e）预案中的其他重要信息发生变化的；

f）在应急预案演练和应急救援中发现需要修订预案的重大问题；

g）编制单位认为应当修订的其他情况。

5.3.3 其他要求

应急预案修订涉及应急组织机构与职责、应急处置程序、主要处置措施、应急响应分级等内容变更的，其修订工作应按5.1的要求重新执行。

支撑材料：企业应急预案；预案适用性评估报告；预案修订记录；应急组织机构

和人员的联系方式等。

【典型问题分析】

典型问题：未对预案适用性进行定期评估；企业应急组织体系与职责等发生变化后预案未及时修订。

成因分析：应急预案相关管理人员对预案评估与修订的相关规定不了解，工作的主观能动性不足，导致预案评估和修订工作滞后。

1.3 法规制度

1.3.1 法律法规

【标准原文】

建设内容：应包括中华人民共和国主席令第 88 号、中华人民共和国主席令第 69 号、中华人民共和国主席令第 23 号、国务院令第 493 号、国务院令第 599 号、国务院令第 432 号、国办函〔2015〕134 号、国发〔2005〕11 号等，并及时补充更新。

评估方法：查阅企业收集的国家相关法律法规及标准相关资料。

评分标准：每缺少一项或发现一项废止的法律法规文件扣 0.5 分；扣完为止。

【释义】

此条款按最新的法律法规进行评估，企业需收集的与应急相关的法律法规（包括但不局限）有：《中华人民共和国安全生产法》（国家主席令〔2021〕第 88 号）、《中华人民共和国突发事件应对法》（国家主席令〔2007〕第 69 号 2024 年 6 月 28 日第十四届全国人大常委会第十次会议修订）、《中华人民共和国电力法》（2018 修正）（国家主席令〔2018〕第 23 号）、《生产安全事故报告和调查处理条例》（国务院令第 493 号）、《电力安全事故应急处置和调查处理条例》（国务院令第 599 号）、《电力监管条例》（国务院 432 号令）、国务院办公厅《关于印发国家大面积停电事件应急预案的通知》（国办函〔2015〕134 号）、《国家突发公共事件总体应急预案》（国发〔2005〕11 号），按照评估年限，及时补充更新，同时做好国家相关法律法规贯彻落实工作。

支撑材料：企业收集的应急相关的国家法律法规。

【典型问题分析】

典型问题：收集的与应急相关的国家法律法规不全；收集的与应急相关的国家法

律法规存在过期现象且未及时更新。

成因分析：公司应急管理人员的重视程度不够，未能及时获取应急相关的最新国家相关法律法规。

1.3.2 规章制度

1.3.2.1 部委规章

【标准原文】

建设内容：

1. 电力监管机构：应包括国能发安全〔2020〕66 号、国能安全〔2014〕508 号、国能综安全〔2014〕953 号等，并及时补充更新；

2. 其他部委：应包括国家发展改革委令第 21 号、应急管理部令第 2 号等，并及时补充更新。

评估方法：查阅企业相关资料。

评分标准：每缺少一项或发现一项废止的规章制度扣 0.5 分；扣完为止。

【释义】

主要检查电力监管机构及其他部委发布的规章制度的收集情况，包括但不局限：《电力企业应急预案评审与备案细则》（国能综安全〔2014〕953 号）、《电力企业应急预案管理办法》（国能安全〔2014〕508 号）、《电力企业应急能力建设评估管理办法》（国能发安全〔2020〕66 号）、《电力安全生产监督管理办法》（国家发展改革委令第 21 号）、《生产安全事故应急预案管理办法》（应急管理部令第 2 号）等。重点检查部委规章更新情况及列入法规制度标准库和法规制度标准清单情况。

支撑材料：应急相关法规制度标准库；法规制度标准清单。

【典型问题分析】

典型问题：收集的电力监管机构和其他部委相关规章不全或存在过期作废的现象；未将收集的电力监管机构和其他部委相关规章全部列入清单并明确是否现行有效。

成因分析：部门规章收集整理、分析、学习意识不够，收集渠道受限，为应付评估工作临时收集，应急法规制度标准库不全，法律法规更新不及时。

1.3.2.2　地方政府有关规定

【标准原文】

建设内容：应包括省政府发布的《突发事件应对条例》、省市两级政府《突发公共事件总体应急预案》和《处置电网大面积停电事件应急预案》等，并及时补充更新。

评估方法：查阅企业相关资料。

评分标准：每缺少一项或发现一项废止的规定扣 0.5 分；扣完为止。

【释义】

主要检查地方政府有关规定，包括企业所在地省政府发布的《突发事件应对条例》及省、市两级政府《突发公共事件总体应急预案》和《处置电网大面积停电事件应急预案》等，重点检查政府有关规定更新情况及列入法规制度标准库和法规制度标准清单情况。

支撑材料：应急相关法规制度标准库；法规制度标准清单。

【典型问题分析】

典型问题：收集的当地政府颁布的应急相关规定不全或存在过期作废的现象；未收集省、市级政府《突发公共事件总体应急预案》和《大面积停电事件应急预案》。

成因分析：与应急相关的政府有关规定收集整理、分析、学习意识不够，收集渠道受限，为应付评估工作临时收集，应急法规制度标准库不全，法律法规规章制度清单更新不及时。

1.3.2.3　企业相关制度

【标准原文】

建设内容：国网公司应包括《国家电网有限公司应急工作管理规定》[国网（安监/2）483—2019]、《国家电网有限公司应急救援基干分队管理规定》[国网（安监/3）854—2017]、《国家电网有限公司应急物资管理办法》[国网（物资/2）126—2020]、《国家电网有限公司应急预案管理办法》[国网（安监/3）484—2019]、《国家电网有限公司应急预案评审管理办法》[国网（安监/3）485—2019]、《国家电网有限公司电力突发事件应急响应工作规则》[国网（安监/3）1106—2022]。

评估方法：查阅企业相关资料。

评分标准：每缺少一项或发现一项废止的制度文件扣 0.5 分；扣完为止。

主要检查国网公司下发的应急有关制度的收集、学习情况，包括但不局限《国家电网有限公司应急工作管理规定》［国网（安监/2）483—2019］、《国家电网有限公司应急预案管理办法》［国网（安监/3）484—2019］、《国家电网有限公司应急预案评审管理办法》［国网（安监/3）485—2019］、《国家电网有限公司预警工作规则》［国网（安监/3）1105—2022］、《国家电网有限公司电力突发事件应急响应工作规则》［国网（安监/3）1106—2022］、《国家电网有限公司应急物资管理办法》［国网（物资/2）126—2020］，重点检查相关制度更新情况及列入法规制度标准库和法规制度标准清单情况。

支撑材料：应急相关法规制度标准库；法规制度标准清单。

【典型问题分析】

典型问题：收集的国网公司下发的与应急相关制度不全或存在过期作废的现象，未将收集的国网公司下发的相关制度全部列入清单并明确是否现行有效。

成因分析：国网公司下发的与应急相关制度收集整理、分析、学习意识不够，收集渠道受限，为应付评估工作临时收集，应急法规制度标准库不全，法规制度标准清单更新不及时。

1.3.3　标准规范

【标准原文】

建设内容：

1. 国家标准：应包括 GB/T 29639 等，并及时补充更新。

2. 行业标准：应包括 DL/T 1499、DL/T 2522、DL/T 2518、DL/T 1920、AQ/T 9007、AQ/T 9009、AQ/T 9011 等，并及时补充更新。

3. 企业标准：应包括 Q/GDW 11958、Q/GDW 10202、Q/GDW 11884、Q/GDW 12244 等，并及时补充更新。

评估方法：查阅企业相关资料。

评分标准：每缺少一项或发现一项废止的标准规范扣 0.5 分；扣完为止。

主要检查应急相关国家标准、行业标准、企业标准等，包括但不局限《电力系统安全稳定导则》（GB 38755—2019）、《生产经营单位生产安全事故应急预案编制导则》（GB/T 29639—2020）、《生产安全事故应急演练基本规范》（AQ/T 9007—2019）、《生产安全事故应急演练评估规范》（AQ/T 9009—2015）、《生产经营单位生产安全事故应急预案评估指南》（AQ/T 9011—2019）、《电力应急术语》（DL/T 1499—2016）、《电网企业应急能力建设评估规范》（DL/T 1920—2018）、《电网企业应急预案编制导则》（DL/T 2518—2022）、《电网企业应急演练导则》（DL/T 2522—2022）、《国家电网公司差异化设计导则》（Q/GDW 11721—2017）、《国家电网有限公司应急预案编制规范》（Q/GDW 11958—2020）、《电力突发事件风险评估与应急资源调查工作规范》（Q/GDW 12244—2022）、《国家电网有限公司大面积停电事件应急演练技术规范》（Q/GDW 11884—2018）、《国家电网有限公司应急指挥中心建设规范》（Q/GDW 10202—2021）等，检查标准更新情况及列入法规制度标准库和法规制度标准清单情况。

支撑材料：应急相关法规制度标准库；法规制度标准清单。

【典型问题分析】

典型问题：收集的应急相关国家标准、行业标准、企业标准不全或存在过期作废的现象，未将收集的应急的相关国家标准、行业标准、企业标准全部列入清单并明确是否现行有效。

成因分析：应急标准规范收集整理、分析、学习意识不够，收集渠道受限，为应付评估工作临时收集，应急法规制度标准库不全，法律法规规章制度清单更新不及时。

1.3.4　法律法规、规章制度的落实

【标准原文】

建设内容：应急管理归口部门应每年定期收集现行有效的应急法规制度，建立清单，及时进行传达、开展培训宣贯并落实，根据要求完善本单位应急工作。

评估方法：查阅相关文件、记录。

评分标准：未建立应急法规制度清单，扣 1 分；未及时传达，发现一处扣 0.5 分；

未开展培训宣贯，发现一次扣 0.5 分；扣完为止。

【释义】

安监部应每年定期收集现行有效的应急法规制度，建立应急法规制度标准库和清单，及时传达到各相关部门和单位，开展相关培训宣贯，根据标准中提出的新要求完善本单位应急工作并监督各相关部门的落实情况。

支撑材料：应急相关法规制度标准库；法规制度标准清单；传达的相关文件；培训宣传相关资料。

【典型问题分析】

典型问题：未建立应急法规制度标准清单或应急法规制度标准清单不全，未将收集的应急相关的国家法律法规及标准、电力监管机构相关规定、各级政府地方法规有关规定、国网公司相关规定全部列入清单并明确是否现行有效，应急法规制度标准清单未根据法规制度标准库进行更新完善；应急法规制度传达、培训宣贯及落实不到位。

成因分析：应急法律法规收集整理、分析、学习意识不够，应急法规制度标准数据库不全，法规制度标准清单更新不及时。

1.4 应急演练与培训

【释义】

本部分主要评估被评估单位的应急演练和应急培训情况，涉及标准分 35 分。本部分分为应急演练和应急培训两个建设项目，分别涉及标准分 15 分和 20 分。

1.4.1 应急演练

【释义】

本建设项目涉及标准分 15 分，细化为演练计划、演练实施、演练评估和改进措施三个方面，标准分分别为 4 分、8 分和 3 分。

1.4.1.1 演练计划

【标准原文】

建设内容：

1. 应制定年度演练计划，计划应覆盖本级及下级单位演练计划，应急预案及现场处置方案的演练计划应符合《国家电网有限公司应急工作管理规定》[国网（安监/2）483—2019] 规定的周期要求；

2. 演练计划应包含内容：演练项目名称、主要内容、演练类型、参演人数、计划完成时间、保障经费等。

评估方法：查阅年度演练计划。

评分标准：未制定演练计划的不得分；未按计划完成演练任务的扣 1 分；演练计划内容不完整，每缺少 1 项扣 1 分；扣完为止。

【释义】

本条是关于应急演练计划的评估，对演练计划制定要求、演练计划内容进行了规定。

应从实际需求出发，分析本单位面临的主要风险，根据突发事件发生发展规律，对应急演练活动进行 3～5 年的整体规划，包括应急演练的主要内容、形式、范围、频次、日程等。各级演练规划要统一协调，相互衔接，统筹安排各级演练之间的顺序、日程、侧重点，避免重复和相互冲突，演练频次应满足国家、行业、国网公司和本单位应急预案规定要求。

在规划基础上，制定具体的年度工作计划，包括：演练的主要目的、类型、形式、内容，主要参与演练的部门、人员，演练经费概算等。

可在应急管理工作计划（或安全生产工作计划）中纳入演练计划。

对于演练频次在《生产安全事故应急条例》（国务院令第 708 号）第三十条、《生产安全事故应急预案管理办法》（应急管理部令〔2019〕第 2 号）第三十三条、《电力企业应急预案管理办法》（国能安全〔2004〕508 号）第二十六条、《国家电网有限公司应急工作管理规定》[国网（安监/2）483—2019] 第四十三条有具体要求，尤其应符合当地政府相关规定要求，如《山东省生产安全事故应急办法》（省人民政府令第 341 号）第十二条规定，其他生产经营单位应当每年至少组织一次综合或者专项应急预案演练，每三年对所有专项应急预案至少组织一次演练，每年对所有现场处置方案至少组织一次演练。

演练计划的制定应满足《生产安全事故应急演练基本规范》（AQ/T 9007—2019）、《电网企业应急演练导则》（DL/T 2522—2022）要求。

依据《生产安全事故应急演练基本规范》（AQ/T 9007—2019）：

5.1 需求分析

全面分析和评估应急预案、应急职责、应急处置工作流程和指挥调度程序、应急技能和应急装备、物资的实际情况，提出需通过应急演练解决的内容，有针对性地确定应急演练目标，提出应急演练的初步内容和主要科目。

5.2 明确任务

确定应急演练的事故情景类型、等级、发生地域，演练方式，参演单位，应急演练各阶段主要任务，应急演练实施拟定日期。

5.3 制订计划

根据需求分析及任务安排，组织人员编制演练计划文本。

依据《电网企业应急演练导则》（DL/T 2522—2022）：

5.2.1 电网企业应在应急演练规划基础上，结合当年电网运行风险、突发事件形势、重大活动电力安全保障等事项，制定本单位年度应急演练计划。

5.2.2 应急演练计划应包含演练主要场景、主要目的、形式、内容，主要参加演练的单位/部门、人员、实施日期、演练涉及预案等。

支撑材料：一个评估周期应急演练年度计划（建议公文形式）；一个评估周期演练实施支撑资料。

【典型问题分析】

典型问题：未制定年度演练计划；年度演练计划内容不全面，未全部包含演练项目名称、主要内容、演练类型、参演人数、计划完成时间、保障经费等内容；演练计划涉及的应急预案、现场处置方案频次不满足国家、行业、国网公司和本单位应急预案规定要求；未按演练计划完成全部演练项目。

成因分析：一些公司对应急管理工作和应急演练不重视，未制定应急演练的专职责任人；一些公司套用上级单位的应急演练计划模板，模板中演练计划内容不全，未明确参演人员、保障经费等内容；一些公司各职能部门对演练计划的制定不重视，演练计划编制人员对应急演练相关规定不了解，制定的演练计划频次不能满足要求，演练未按计划组织实施；监督部门监督不到位，对演练计划的制定、实施未履行监督检查职能。

- -

1.4.1.2 演练实施

【标准原文】

建设内容：

1. 每三年应至少组织一次邀请政府、并网电厂、用户参与的大面积停电应急联合演习；

2. 应定期组织开展电网调度联合反事故演习，综合考虑电网薄弱环节及季节性事故特点，有针对性地演练各级电网调度、发电厂和变电站之间协同处置重大突发事件的应急机制；

3. 应针对重大人员伤亡、电力设施毁损、重要变电站（发电厂）全停、重要用户停电、气象灾害等各类突发事件，定期组织应急演练，每半年至少开展一次专项应急预案演练，且三年内各专项应急预案至少演练一次；每半年至少开展一次现场处置方案应急演练，且三年内各现场处置方案至少演练一次。

评估方法：查阅供电企业演习记录。

评分标准：未按要求定期组织开展大面积停电应急联合演习扣 2 分；应急联合演习无针对性扣 1 分；未按照应急预案、现场处置方案演练扣 1 分；各类突发事件应急演练不全面，每缺少一类，扣 1 分；应急领导小组、应急办、专项应急办、应急指挥部、应急工作组等机构成员不参加应急演练，发现一次扣 1 分；扣完为止。

【释义】

本条是关于应急演练实施的评估，对重点演练科目、演练要求、演练频次等进行了规定。

企业（项目）应根据本单位的风险防控重点，对综合应急预案、专项应急预案、现场处置方案进行演练，演练频次要满足要求。

企业应根据实际情况，采取实战演练、桌面演练等方式开展应急演练。

应急演练要制定演练方案，演练方案应明确目的及要求、事故情景设计、规模及时间、主要任务及职责、筹备工作、主要步骤、技术支撑及保障条件、评估与总结等内容，演练方案应审批。

各参演单位和参演人员应熟悉各自参演任务和角色，并按照演练方案要求组织开展演练准备工作；应急领导小组、应急办、专项应急办、应急指挥部、应急工作组等机构成员要参加应急演练。

演练场景应逼真，并具有可操作性，演练过程或关键环节应有影像或图片资料。

演练频次应满足《生产安全事故应急条例》（国务院令第 708 号）第三十条、《生产安全事故应急预案管理办法》（应急管理部令〔2019〕第 2 号）第三十三条、《电力企业应急预案管理办法》（国能安全〔2004〕508 号）第二十六条、《国家电网有限公司应急工作管理规定》［国网（安监/2）483—2019］第四十三条及当地政府有关规定要求。

演练实施过程要满足《生产安全事故应急演练基本规范》（AQ/T 9007—2019）、《电网企业应急演练导则》（DL/T 2522—2022）等规定的要求。

依据《生产安全事故应急演练基本规范》（AQ/T 9007—2019）：

4.4 应急演练基本流程

应急演练实施基本流程包括计划、准备、实施、评估总结、持续改进五个阶段。

8.2.1 撰写演练总结报告

应急演练结束后，演练组织单位应根据演练记录、演练评估报告、应急预案、现场总结材料，对演练进行全面总结，并形成演练书面总结报告。报告可对应急演练准备、策划工作进行简要总结分析。参与单位也可对本单位的演练情况进行总结。演练总结报告的主要内容：

a）演练基本概要；

b）演练发现的问题，取得的经验和教训；

c）应急管理工作建议。

8.2.2 演练资料归档

应急演练活动结束后，演练组织单位应将应急演练工作方案、应急演练书面评估报告、应急演练总结报告文字资料，以及记录演练实施过程的相关图片、视频、音频资料归档保存。

《电网企业应急演练导则》（DL/T 2522—2022）：

8.2 演练总结

应急演练结束后，参演单位应根据演练评估报告等对演练进行全面总结，并形成演练书面总结报告。演练总结报告内容应包括：

a）应急演练的基本情况和特点。

b）应急演练的主要收获和经验。

c）应急演练中存在的问题及原因。

d）对应急演练组织和保障等方面的改进意见。

e）对应急预案完善的改进建议。

f）对应急物资装备管理的改进建议。

g）对其他应急准备工作的改进建议。

8.3 资料归档

应急演练活动结束后，参演单位应将应急演练方案、演练脚本、应急演练评估报告、应急演练总结报告等文字资料，以及记录演练实施过程的相关图片、视频、音频等资料进行归档保存。

支撑材料：政企联合大面积停电演练资料；一个评估周期电网反事故演习资料（调度提供）；一个评估周期应急预案、现场处置方案演练资料。

【典型问题分析】

典型问题：部分演练记录缺失或演练记录不全，缺少演练人员签到、影像记录、演练总结等；应急预案、现场处置方案演练支撑材料不能满足演练频次要求；预案演练类别单一不全面，未针对重大人员伤亡事件定期组织应急救援救灾演习。

成因分析：演练责任部门对应急演练工作重视不足，组织不力，存在走过场应付的心理，对演练实施过程、演练完成后应开展的工作落实不到位，演练留存的记录或资料不完整。

1.4.1.3 演练评估和改进措施

【标准原文】

建设内容：应及时对应急演练开展情况进行评估，根据评估结果采取相应整改完善措施，并检查落实情况。

评估方法：查阅应急工作总结等相关资料。

评分标准：未对应急演练情况进行评估发现一次扣 0.5 分；评估后对于发现问题未列整改计划，发现一处扣 0.5 分；整改计划未落实，发现一处扣 0.5 分；扣完为止。

【释义】

本条是关于应急演练评估的评估，对演练评估的开展情况、演练评估发现的问题的闭环整改情况进行了规定。

演练结束后，应对应急演练效果进行评估和总结，分析应急演练和应急预案存在的不足，并形成书面报告，演练评估应按照《生产安全事故应急演练评估规范》（AQ/T 9009—2015）的要求执行。

应根据评估报告中提出的问题和不足，总结分析原因，制定整改计划和措施，明确整改目标，并落实。

依据《生产安全事故应急预案管理办法》（应急管理部令〔2019〕第2号）：

第三十四条 应急预案演练结束后，应急预案演练组织单位应当对应急预案演练效果进行评估，撰写应急预案演练评估报告，分析存在的问题，并对应急预案提出修订意见。

依据《电力企业应急预案管理办法》（国能安全〔2004〕508号）：

第三十条 电力企业在开展应急预案演练后，应当对演练效果进行评估，并针对演练过程中发现的问题对相关应急预案提出修订意见。评估和修订意见应当有书面记录。

依据《国家电网有限公司应急工作管理规定》[国网（安监/2）483—2019]：

第四十三条 相关单位应组织专家对演练进行评估，分析存在问题，提出改进意见。涉及政府部门、公司系统以外企事业单位的演练，其评估应有外部人员参加。演练评估中发现的问题，应当限期改正。

依据《国家电网有限公司应急预案管理办法》[国网（安监/3）484—2019]：

第二十七条 应急演练组织单位应当对演练的准备、方案、组织、实施、效果等进行全过程评估，并针对演练过程中发现的问题，对修订预案、应急准备、应急机制、应急措施提出意见和建议，形成应急预案演练评估报告。演练评估中发现的问题，应当限期改正。

依据《电网企业应急演练导则》（DL/T 2522—2022）：

6.3.7 演练评估方案

演练评估方案应包含以下内容：

a）演练概况应描述应急演练目的、场景，应急行动与应对措施简介等。

b）评估内容应包括应急演练组织、准备、实施及成效评估。

c）评估标准应各环节应达到的目标评判标准。

d）评估程序应描述演练评估的主要步骤及任务分工。

8.1 演练评估

演练评估组应按照 AQ/T 9009 中相关要求进行演练评估,调取查阅演练准备过程文档资料、现场文字和音视频记录、现场点评结果、应急预案等材料,对演练组织、准备、实施等进行全过程评估,形成演练评估报告。演练评估报告应包括:演练基本情况和特点、演练主要收获和经验、暴露问题和原因分析、经验和教训、应急预案修订意见、其他应急准备工作改进建议等。

依据《生产安全事故应急演练评估规范》(AQ/T 9009—2015):

5.4 演练评估

主要是通过对演练活动或参演人员的表现进行的观察、提问、听对方陈述、检查、比对、验证、实测而获取客观证据,比较演练实际效果与目标之间的差异,总结演练中好的做法,查找存在的问题。演练评估应以演练目标为基础,每项演练目标都要设计合理的评估项目方法、标准。根据演练目标的不同,可以用选择项(如:是/否判断,多项选择)、评分(如:0—缺项、1—较差、3——一般、5—优秀)、定量测量(如:响应时间、被困人数、获救人数)等方法进行评估。

7.4.2 演练评估报告内容通常包括:

1)演练基本情况:演练的组织及承办单位、演练形式、演练模拟的事故名称、发生的时间和地点、事故过程的情景描述、主要应急行动等。

2)演练评估过程:演练评估工作的组织实施过程和主要工作安排。

3)演练情况分析:依据演练评估表格的评估结果,从演练的准备及组织实施情况、参演人员表现等方面具体分析好的做法和存在的问题以及演练目标的实现、演练成本效益分析等。

4)改进的意见和建议:对演练评估中发现的问题提出整改的意见和建议。

5)评估结论:对演练组织实施情况的综合评价,并给出优(无差错地完成了所有应急演练内容)、良(达到了预期的演练目标,差错较少)、中(存在明显缺陷,但没有影响实现预期的演练目标)、差(出现了重大错误,演练预期目标受到严重影响,演练被迫中止,造成应急行动延误或资源浪费)等评估结论。

7.5 整改落实

演练组织单位应根据评估报告中提出的问题和不足,制定整改计划,明确整改目标,制定整改措施,并跟踪督促整改落实,直到问题解决为止。同时,总结分析存在问题和不足的原因。

支撑材料：一个评估周期年度演练计划；一个评估周期各单位演练实施资料；与演练实施对应的应急演练评估报告；演练评估整改实施资料。

【典型问题分析】

典型问题：应急演练完成后未进行演练评估，无演练评估报告；演练评估报告编制不规范，不符合相关规定的要求；针对演练评估发现的问题，未制定整改计划或制定了整改计划但提供落实整改形成闭环的相关支撑资料。

成因分析：企业各职能部门对应急演练评估不重视，对演练评估的理解和掌握不够，混淆演练评估和演练总结，存在应付报资料但未实际开展评估等现象；监督部门对上报的演练评估资料检查、监督不到位；演练评估发现的问题流于形式，演练单位无落实整改的意识，监督部门也未起到监督作用。

1.4.2 应急培训

【释义】

本部分涉及标准分 20 分，又细化为培训计划、应急管理人员培训、应急队伍培训、应急知识宣传四个方面，分别对应标准分 4 分、7 分、7 分和 2 分。

1.4.2.1 培训计划

【标准原文】

建设内容：应将应急培训纳入企业培训规划和职工年度培训计划，制定培训大纲和具体课件，培训结束后要有培训总结，并组织考核。

评估方法：查阅企业年度培训计划、演练方案、班组安全活动记录，实地核查。

评分标准：未纳入年度培训计划不得分；计划落实不到位扣 1 分；培训结束后无培训总结，发现一次扣 0.5 分；未组织考核，发现一次扣 0.5 分；扣完为止。

【释义】

本条是关于应急培训的评估，对应急培训的开展、要求和考核等进行了规定。

企业每年至少组织一次应急培训，培训应编制大纲，进行考核，并建立培训档案。培训大纲应符合《安全生产应急管理人员培训及考核规范》（AQ/T 9008—2012）的要求；应急培训的时间、地点、内容、师资、参加人员和考核结果等情况应当如实记入安全生产教育和培训档案。

依据《电力企业应急预案管理办法》（国能安全〔2014〕508号）：

第二十四条 电力企业应当将应急预案的培训纳入本单位安全生产培训工作计划，每年至少组织一次预案培训，并进行考核。培训的主要内容应当包括：本单位的应急预案体系构成、应急组织机构及职责、应急资源保障情况以及针对不同类型突发事件的预防和处置措施等。

依据《国家电网有限公司应急预案管理办法》〔国网（安监/3）484—2019〕：

第二十三条 公司总部各部门、各级单位应制定年度应急演练和培训计划，并将其列入本部门、本单位年度培训计划。每三年至少组织一次总体应急预案的培训和演练，每半年至少开展一次专项应急预案培训和演练，且三年内各专项应急预案至少培训和演练一次；每半年至少开展一次现场处置方案培训和演练，且三年内各现场处置方案至少培训演练一次。

支撑材料：一个评估周期应急培训年度计划；一个评估周期企业职工年度培训计划；一个评估周期应急培训实施、考核支撑资料。

【典型问题分析】

典型问题：年度应急培训计划未正式行文发布；年度应急培训计划未纳入企业职工年度培训计划；部分应急培训项目未按计划实施，应急培训实施资料记录不全；未对培训进行总结并进行考核。

成因分析：一些公司对应急培训的认识不足，存在应付现象，导致培训计划落实不到位，记录不规范。

- -

1.4.2.2 应急管理人员培训

【标准原文】

建设内容：

1. 应定期开展现场考问、反事故演习、事故预想等现场培训活动，应掌握应急预案有关内容；

2. 应组织并参加应急管理理论培训；

3. 应参加相关技术业务培训；

4. 应组织并参加相关应急常识、救援抢修技能的业务培训，如应学会紧急救护法、熟练掌握触电急救；应掌握消防器材的使用方法等。

评估方法：查阅培训资料。

评分标准：未定期开展应急管理理论培训，不得分；未开展相关应急预案培训，不得分；未组织开展应急技能培训，扣 2 分。

【释义】

本条是关于应急管理人员培训的规定，对应急管理人员的培训内容等进行了规定。

应急管理人员（包括应急领导小组，专项应急领导小组，安全应急办公室、稳定应急办公室和专、兼职应急管理人员等）应参加应急管理、应急技术业务培训，熟悉应急预案、应急处置程序、职责和相关知识，具备与本单位所从事的生产经营活动相适应的安全生产知识和管理能力。

企业应定期开展有关应急救援、抢险技能的业务教育培训，掌握必要的应急救护常识。

应急管理人员的培训要求、培训内容、考核要求和考核要点等可参考执行《安全生产应急管理人员培训及考核规范》（AQ/T 9008—2012）的相关规定。

依据《生产安全事故应急条例》（国务院令第 708 号）：

第十五条　生产经营单位应当对从业人员进行应急教育和培训，保证从业人员具备必要的应急知识，掌握风险防范技能和事故应急措施。

依据《生产安全事故应急预案管理办法》（应急管理部令〔2019〕第 2 号）：

第三十一条　生产经营单位应当组织开展本单位的应急预案、应急知识、自救互救和避险逃生技能的培训活动，使有关人员了解应急预案内容，熟悉应急职责、应急处置程序和措施。

依据《国家电网有限公司应急预案管理办法》［国网（安监/3）484—2019］：

第二十一条　公司总部各部门、各级单位应当将应急预案培训作为应急管理培训的重要内容，对与应急预案实施密切相关的管理人员和作业人员等组织开展应急预案培训。

依据《国家电网有限公司应急工作管理规定》［国网（安监/2）483—2019］：

第二十六条　应急培训演练体系包括专业应急培训演练基地及设施、应急培训师资队伍、应急培训大纲及教材、应急演练方式方法，以及应急培训演练机制。

第四十一条　公司各单位应加强应急救援基干分队、应急抢修队伍、应急专家队伍的建设与管理。配备先进的装备和充足的物资，定期组织培训演练，提高应急能力。

第四十二条 总部及公司各单位应加大应急培训和科普宣教力度，针对所属应急救援基干分队和应急抢修队伍，定期开展不同层面的应急理论、专业知识、技能、身体素质和心理素质等培训。应急救援人员经培训合格后，方可参加应急救援工作。应结合实际经常向应急从业人员进行应急教育和培训，保证从业人员具备必要的应急知识，掌握风险防范技能和事故应急措施。

依据《国家电网公司安全工作规定》[国网（安监/2）406—2014]：

第四十二条 在岗生产人员的培训

（一）在岗生产人员应定期进行有针对性的现场考问、反事故演习、技术问答、事故预想等现场培训活动。

支撑材料：一个评估周期应急培训年度计划；一个评估周期应急培训实施、考核支撑资料；一个评估周期上级单位组织的应急管理人员培训通知、培训课件等。

【典型问题分析】

典型问题：未定期组织应急管理人员开展应急管理理论培训；未定期组织应急管理人员开展相关应急预案培训；未定期组织应急管理人员开展应急技能培训；仅参加了上级单位组织的应急管理人员培训，公司未开展相关的培训，导致参加培训的人员数量、频次不足。

成因分析：一些公司对应急管理人员培训认识不足，为了避免与应急管理人员的本职生产工作冲突，减少培训的频次、培训的人员数量，甚至不组织培训。

- -

1.4.2.3 应急队伍培训

【标准原文】

建设内容：

1. 应急队伍人员应每年进行专业生产技能培训，安排体能训练、触电急救、高空救援等紧急救护等专项训练；

2. 掌握相关应急救援抢修设备、装备的使用方法；

3. 掌握突发事件预防、避险、自救、互助、减灾等技能。

评估方法：查阅培训资料。

评分标准：未定期开展应急队伍培训，不得分；培训内容不符合要求的，发现一处扣1分；扣完为止。

本条是关于应急队伍培训的评估，对应急队伍的培训内容等进行了规定。

每年应对应急救援队伍人员（含兼职）进行专业应急技能教育培训，经考试合格后方可上岗。

应急救援队伍应当具备所属领域事故救援所需的专业技能，了解应急预案内容，熟悉现场应急处置程序，并能熟悉操作或使用相关抢险救援设备设施和装备，掌握触电、心肺复苏、伤口处理等必要的应急救护常识。

依据《生产安全事故应急条例》（国务院令第708号）：

第十一条 应急救援队伍的应急救援人员应当具备必要的专业知识、技能、身体素质和心理素质。应急救援队伍建立单位或者兼职应急救援人员所在单位应当按照国家有关规定对应急救援人员进行培训；应急救援人员经培训合格后，方可参加应急救援工作。应急救援队伍应当配备必要的应急救援装备和物资，并定期组织训练。

依据《国家电网公司应急队伍管理规定（试行）》（国家电网生〔2008〕1245号）：

第二十二条 应急队伍人员每年除应按公司有关要求进行专业生产技能培训外，还应安排登山、游泳等专项训练和触电、溺水等紧急救护训练，掌握发电机、应急照明、冲锋舟、生命保障等设备的正确使用方法。

依据《国家电网有限公司应急工作管理规定》[国网（安监/2）483—2019]：

第二十六条 应急培训演练体系包括专业应急培训演练基地及设施、应急培训师资队伍、应急培训大纲及教材、应急演练方式方法，以及应急培训演练机制。

第四十一条 公司各单位应加强应急救援基干分队、应急抢修队伍、应急专家队伍的建设与管理。配备先进的装备和充足的物资，定期组织培训演练，提高应急能力。

第四十二条 总部及公司各单位应加大应急培训和科普宣教力度，针对所属应急救援基干分队和应急抢修队伍，定期开展不同层面的应急理论、专业知识、技能、身体素质和心理素质等培训。应急救援人员经培训合格后，方可参加应急救援工作。应结合实际经常向应急从业人员进行应急教育和培训，保证从业人员具备必要的应急知识，掌握风险防范技能和事故应急措施。

支撑材料：一个评估周期应急培训年度计划；一个评估周期应急培训实施、考核支撑资料；一个评估周期上级单位组织的应急队伍培训通知、培训课件等。

典型问题：未每年组织应急队伍人员开展专业生产技能培训；未定期组织应急队伍成员参加登山、游泳等专项训练和溺水等紧急救护训练；未定期组织应急队伍人员参加应急救援抢修设备、装备的使用方法培训；仅参加了上级单位组织的应急队伍培训，公司层面未开展应急队伍培训，导致参加培训的人员数量、频次不足。

成因分析：一些公司对应急队伍的作用认识不足，管理不规范、不到位；为了避免与应急队伍人员的本职生产工作冲突，减少培训的频次、参加培训的人员数量，甚至不组织培训。

1.4.3 应急知识宣传

【标准原文】

建设内容：

1. 利用多种渠道或方式开展电力安全应急知识的科普宣传和教育，提高公众应对突发停电的能力；

2. 三级安全教育应包括生产作业场所危险源（点）、如何避险和报警等有关内容；

3. 公布有关应急预案、报警电话等。

评估方法：查阅三级安全教育培训档案、宣传手册、展板、图片及相关影像等资料。

评分标准：未面向公众开展相关应急宣传和教育不得分；三级安全教育应急培训内容不全面扣 1 分；员工无法查询应急预案、报警电话扣 1 分。

【释义】

本条是关于应急知识宣传的评估，对应急知识宣传渠道或方式、三级安全教育应包含应急知识教育等进行了规定。

利用板报、专栏、标语、网络等多种渠道或方式开展电力建设应急知识的宣传和教育，增强员工应急意识，提高员工应对突发事件的能力。

通过开展班组安全活动宣传普及应急知识。

对外来参观、学习等人员可能接触到的危害及应急知识应及时告知。

应急预案的要点和应急处置程序应当张贴在应急地点和应急指挥场所，并设置明显标志。

从业人员应了解应急预案和对内、对外报警电话等重要信息。

对新员工的三级安全教育应包括生产作业场所危险源（点）、如何避险和报警等有关内容。

依据《国家电网有限公司应急工作管理规定》［国网（安监/2）483—2019］：

第四十二条　总部及公司各单位应加大应急培训和科普宣教力度，针对所属应急救援基干分队和应急抢修队伍，定期开展不同层面的应急理论、专业知识、技能、身体素质和心理素质等培训。应急救援人员经培训合格后，方可参加应急救援工作。应结合实际经常向应急从业人员进行应急教育和培训，保证从业人员具备必要的应急知识，掌握风险防范技能和事故应急措施。

依据《国家电网公司安全工作规定》［国网（安监/2）406—2014］：

第五十二条　公司所属各级单位应加大应急培训和科普宣教力度，针对所属应急救援基干分队、应急抢修队伍、应急专家队伍人员，定期开展不同层面的应急理论和技能培训，结合实际经常向全体员工宣传应急知识。

支撑材料：宣传手册、展板、图片及相关影像等应急宣传资料；迎峰度夏（冬）应急工作手册、班组安全大讲堂、冬季培训记录等；《应急知识手册》等；三级安全教育培训档案。

【典型问题分析】

典型问题：未面向公众开展相关应急宣传和教育；三级安全教育未包含生产作业场所危险源（点）、如何避险和报警等有关应急内容或包含的内容不全面；未公布有关应急预案和报警电话。

成因分析：一些公司对应急管理不重视，三级安全教育缺失应急知识培训内容；未面向公众开展相关应急宣传和培训。

1.5　应急指挥中心

【释义】

本建设项目涉及标准分 10 分，又细化为应急指挥中心硬件设施和应急指挥中心自身保障两个方面，标准分分别为 7 分和 3 分。

1.5.1　应急指挥中心硬件设施

【标准原文】

建设内容：

应急指挥中心硬件设施应包括：

1. 应急指挥中心应满足指挥、会商、值班等功能和空间要求；

2. 应配备高清电视电话会议系统；

3. 与系统内上、下级以及相关应急指挥中心实现互联互通；

4. 应满足应急指挥中心与各相关协调单位应急通信的要求；

5. 应满足应急指挥中心与相关电力主管部门、电厂以及重要用户之间的应急指挥、调度、通信的要求；

6. 应对音视频系统及有关系统数据运维、巡检做好完整记录；

7. 应急指挥中心应实现信息内外网接入，信息内外网应进行物理隔离。

评估方法：现场检查。

评分标准：未按国网公司要求完成应急指挥中心建设的不得分；无会议系统扣2分；未实现高清传输等相关技术要求扣1分；与上级主管部门应急指挥中心未对接的扣1分，与下级未实现对接的扣1分；系统运维、巡检记录不完整，扣1分；没有网络安全防护措施的扣1分；网络安全防护措施不完善的扣1分；扣完为止。

【释义】

本条是关于应急指挥中心硬件设施的评估，对应急指挥中心应急需要具备的应急指挥场所、基础支撑系统、视频会议系统、集中控制系统、录播系统、日常办公设备等进行了规定。

按功能划分，应急指挥场所应包括应急指挥区、会商区、控制区、值班区、设备间等区域。

通信与网络系统应满足应急指挥场所与外部进行沟通的需求，包括：视频会议接入、数据通信网络接入、电话接入、应急通信系统接入、融合通信指挥系统等。

应急指挥中心应能够与系统内上、下级以及相关应急指挥中心实现互联互通。

应急指挥中心宜配置高清录播系统，实现对突发事件会商、应急演练等会议音视频信号的录制。

应急指挥中心日常办公设备宜由计算机、电话机、传真机、打印机、复印机、扫描仪等设备组成，保证应急及日常办公的需要。

应急指挥中心应实现信息内外网的接入；信息内外网均应按照公司信息系统安全防护相关规定进行安全防护。

依据《电力应急指挥中心技术导则》（DL/T 1352—2014）：

5.2.1.2 电力企业数据网及外部公共因特网

应急指挥中心电力企业数据网及外部公共因特网应符合以下规定：

a）应急指挥中心应实现电力企业数据网与外部公共因特网的接入；

b）电力企业数据网与外部公共因特网均应按照信息系统安全防护相关规定进行安全防护。

5.2.1.3 电话系统接入

应急指挥中心应实现公共交换电话（外线电话）接入，宜实现电力企业内部交换电话（内线电话）的接入，有条件的应急指挥中心可实现调度电话的接入。

5.2.1.4 应急通信系统接入

应急指挥中心宜根据实际设备配置情况，满足应急通信系统的接入能力，应急通信系统可包括海事卫星电话、移动应急指挥车、卫星应急指挥车、800M 数字集群系统等。

5.4 应急指挥中心信息接入

5.4.1 管理信息接入

应急指挥中心应具备管理信息接入能力，接入信息应按照信息系统安全防护相关规定进行安全防护，通过电力企业数据网接入应急指挥中心。

5.4.2 生产控制信息接入

应急指挥中心宜具备生产控制信息接入能力，接入信息应按照信息系统安全防护相关规定进行安全防护。在应急指挥中心可由各业务系统人机终端展示业务系统信息并根据需要分配相应权限。

5.4.3 外部信息接入

应急指挥中心应具备外部气象、新闻等应急相关信息接入能力，接入信息的安全防护应符合信息系统安全防护相关规定。

依据《国家电网有限公司应急指挥中心建设规范》（Q/GDW 10202—2021）：

6 功能要求

6.1 应急指挥场所

应急指挥场所应满足日常应急管理和突发事件应急处置的需求,还应满足应急培训、应急演练、重大活动保电以及基础支撑系统设备安装等对空间场地的需求。

6.2 基础支撑系统

6.2.1 通信与网络系统

通信与网络系统应满足应急指挥场所与外部进行沟通的需求,包括:视频会议接入、数据通信网络接入、电话接入、应急通信系统接入、融合通信指挥系统等。

6.2.2 综合布线系统

综合布线系统应满足应急指挥场所话音、数据、图像、控制信号的正常传输,并为其提供通道及连接。

6.2.3 拾音及扩声系统

拾音及扩声系统应满足应急指挥场所声音采集、音频信号处理与传输、声音播放的需求,并应保证声音信号能够被清晰、无失真地采集、放大及播放。

6.2.4 视频会议系统

总部应急指挥中心应能够与各分部、各省(自治区、直辖市)电力公司及其下属各地市、县公司应急指挥中心及现场指挥部直接视频会商;分部既可以参加总部组织的视频会商,也可召集所辖省(自治区、直辖市)电力公司及其下属各地市、县公司应急指挥中心进行视频会商;各省(自治区、直辖市)电力公司既可以参加公司总部、分部组织的视频会商,也可召集其下属单位应急指挥中心进行视频会商;地市公司应急指挥中心既可以参加总部、所属省(自治区、直辖市)电力公司组织的视频会商,也可召集其下属单位应急中心进行视频会商;县公司应急指挥中心可参加总部、分部、所属省(自治区、直辖市)电力公司、地市公司组织的视频会商。分部、各省(自治区、直辖市)电力公司宜具备在参加总部组织视频会商的同时,具备对所辖区域内各级公司应急指挥中心组织其他视频会商的条件。会商模式应包括广播式全局会商、多点互动式局部会商。在应急状况下,应急指挥中心应具备接入移动视频终端的能力,应急现场可以作为一个节点临时加入视频会商;应急视频与行政视频不宜合用。

6.2.5 视频采集及显示系统

视频采集及显示系统应满足应急指挥场所图像采集、视频信号处理与传输、图像展示的需求,应具有同时显示多种信息功能。

6.2.6 集中控制系统

应急指挥中心应配置集中控制系统,对应急指挥中心声、光、电等各种设备集中控制。

6.2.7 录播系统

应急指挥中心宜配置高清录播系统，实现对突发事件会商、应急演练等会议音视频信号的录制。

6.2.8 日常办公设备

应急指挥中心宜配备日常办公设备，以保证应急及日常办公的需要。

6.3 应急系统

6.3.1 应急系统功能

应急指挥中心应具有为电力应急指挥提供全方位信息技术支撑的应急系统，应急系统应服务于电力突发事件的预防与应急准备、监测与预警、应急处置与救援、事后恢复与重建四个阶段，系统宜包含内外部数据集成、基础信息管理、预防与应急准备、监测与预警、应急处置与救援、事后恢复与重建、移动应用和可视化应急指挥等业务域，应具有日常工作管理、预案管理、预警管理、应急值班、应急资源调配与监控、应急保电、辅助应急指挥、应急培训、演练及评估管理等功能。系统功能应符合"国家电网有限公司应急指挥系统技术规范"要求。

6.3.2 应急指挥中心高级应用

应急指挥中心可具备信息动态跟踪、智能研判及自动预警等高级应用拓展。具体功能要求如下：

a）应具备突发事件实时动态跟踪功能，动态跟踪事件位置、现场图片、视频等信息，实时汇集变电站、线路、台区、用户受损信息；

b）应具备自动告警功能，经系统智能研判电网事故、气象灾害等接入信息到达预警或应急响应启动标准时，可通过语音警报、短信、电话等方式进行告警；

c）应具备信息预警研判功能，实现对气象灾害、电网事故等事件影响范围的智能研判。

7.1.1.1 应急指挥场所功能划分

按功能划分，应急指挥场所应括应急指挥区、会商区、控制区、值班区、设备间等区域。各区域面积宜满足下列规定：

a）应急指挥区：应急指挥区的面积，总（分）部宜按参加突发事件应急处置的总人数确定；省、地市公司宜按不少于 77m² 确定；按平均每人 2.2m² 计算；

b）会商区：会商区的面积宜按不少于参加突发事件应急处置总人数的半数确定，

平均每人按 2.2m² 计算。会商区可为独立房间或应急指挥区中的独立区域；

c）控制区：宜设置不小于 8m² 的单独房间也可设置满足不少于 4 人同时办公的区域，平均每人按 2.2m² 计算；

d）值班区：宜设置满足不少于 2 人同时 24h 值守的区域，平均每人按不少于 2.2m² 计算，可根据实际需要配备家具或盥洗设施；

e）设备间（机房）：宜设置不小于 8m² 的单独房间。如果设备较多，还可按实际需要增加面积；

f）根据实际情况部分区域可共用。

7.2.7　录播系统

需符合下列规定：

a）录播系统应支持 2 通道及以上音视频信号的录制；

b）录播系统视频输入接口应与视频矩阵输出端口相匹配，支持高清格式，不低于 1080P，并向下兼容 1080i、720P 等视频显示格式；

c）录播系统音频应满足 ITU-T G.711/G.722/G.719 或 MPEG-4AAC-LD 立体声音频标准；

d）录播系统应支持实时直播、同步录制、远程导播、在线点播等功能；

e）可具备大屏显示信号整屏录制功能。

7.2.8　日常办公设备　应急指挥中心日常办公设备宜由计算机、电话机、传真机、打印机、复印机、扫描仪等设备组成，保证应急及日常办公的需要。

依据《国家电网有限公司应急工作管理规定》[国网（安监/2）483—2019]：

第三十三条　应急信息和指挥系统是指在较为完善的信息网络基础上，构建的先进实用的应急管理信息平台，实现应急工作管理，应急预警、值班，信息报送、统计，辅助应急指挥等功能，满足公司各级应急指挥中心互联互通，以及与政府相关应急指挥中心联通要求，完成指挥员与现场的高效沟通及信息快速传递，为应急管理和指挥决策提供丰富的信息支撑和有效的辅助手段。同时，各单位还应配合政府相关部门建立生产安全事故应急救援信息系统，并通过系统进行应急预案备案和相关信息报送。

第四十四条　总部及公司各单位应加强应急指挥中心运行管理，定期进行设备检查调试，组织开展相关演练，保证应急指挥中心随时可以启用。

支撑材料：应急指挥中心维保记录及日常巡视记录。

典型问题：应急指挥中心应急指挥区、会商区、控制区、值班区、设备间等区域部分缺失或面积不够；应急指挥中心无会议系统；应急指挥中心不能实现高清传输等相关技术；应急指挥中心无音频、视频有关数据记录功能；应急指挥中心与上级主管部门或下级单位的应急指挥中心未对接；应急指挥中心内、外网没有网络安全防护措施或网络安全防护措施不完善；应急指挥中心系统运维、巡检记录不完整等。

成因分析：对于上级关于应急指挥中心标准要求理解不透彻；部分公司因重新布置线路存在困难或新办公场所在建，淡化相关要求；上级对于音频、视频有关数据记录功能不做要求，未对此功能进行增加。

1.5.2　应急指挥中心自身保障

【标准原文】

建设内容：

应急指挥中心供电保障应满足以下要求：

1. 应急指挥中心所在楼宇应具备独立的两路交流供电，每路电源具备应急指挥中心满负荷供电能力，且两路交流电源之间能实现互为备用、快速转换；

2. 交流失电后，应急指挥中心控制室内的重要设备、应急照明设备等应由不间断电源进行供电，供电时间不低于 4h，应急指挥中心应在交流失电 1h 内应能启动应急电源进行供电。

评估方法：现场检查。

评分标准：不具备独立的两路交流电源不得分；两路交流电源不能实现互为备用不得分；无不间断电源进行供电或供电时间小于 4h 不得分；应急指挥中心在交流失电 1h 内无法启动应急电源供电不得分。

【释义】

本条是关于应急指挥中心自身保障的评估，对应急指挥中心应急电源配置进行了规定。

应急指挥场所宜具备独立的两路交流供电，每路电源应具备应急指挥中心满负荷供电能力，且两路交流电源之间能实现互为备用。

交流失电后，应急指挥场所内的音频、视频、应急照明设备、应急指挥系统主机、网络与通信设备等应由不间断电源供电，供电时间不低于 4h。同时，应急指挥场所应在交流失电 1h 内启动应急电源进行供电。

依据《电力应急指挥中心技术导则》（DL/T 1352—2014）：

5.1.6 电源、接地及防雷

5.1.6.1 电源

应急指挥场所电源应满足下列规定：

a）应急指挥场所宜具备独立的两路交流供电，每路电源应具备应急指挥中心满负荷供电能力，且两路交流电源之间能实现互为备用、快速无扰转换。

b）交流失电后，应急指挥场所内的音频、视频、应急照明设备、应用系统主机、网络与通信设备等应由不间断电源供电，供电时间不低于 2h，同时，应急指挥场所应在交流失电 2h 内启动应急电源进行供电。

c）在应急指挥区、控制区、设备间（机房）周围墙上应均匀安装 220V 电源插座，宜采用两极加三极联体电源插座，每个插座的电流容量不小于 10A。

5.1.6.2 接地

应急指挥场所接地系统应符合下列规定：

a）保护地线必须采用三相五线制中的第五根线，与交流电源的零线必须严格分开。

b）保护地线的接地电阻值，单独设置接地体时，不应大于 4Ω；采用联合接地体时，不宜大于 1Ω。

c）保护地线的杂音干扰电压不应大于 25mV。

d）接地系统应采用单点接地的方式。信号地、机壳地、电源告警地、防静电地等均应分别用导线经接地排，一点接至接地体。

5.1.6.3 防雷

应急指挥场所防雷应符合 GB 50057 和 GB 50343 的有关规定。

5.1.7 消防

应急指挥场所应急指挥区、会商区、值班区、控制区消防系统应符合 GB 50222 的有关规定，设备间（机房）的消防系统应符合国标的要求。

5.1.8 抗震

应急指挥场所所在建筑不宜选址在地震带上，建筑本身抗震应符合 GB 50011 的有关规定。

依据《国家电网有限公司应急指挥中心建设规范》（Q/GDW 10202—2021）：

7.1.3.4 消防应急照明和疏散指示标识应符合 GB 51309 的有关要求：

a）应急指挥中心场所内应设置应急照明设施，除备用照明的照度值另外规定外，应不低于场所一般照明照度值的 10%；

b）安全照明的照度值不低于场所一般照明照度值的 5%；

c）疏散通道应设置灯光型疏散指示标识，疏散照明照度值不低于 1.0lx。

7.1.7 电源、接地及防雷

7.1.7.1 电源

应急指挥场所电源需符合下列规定：

a）应急指挥场所宜具备独立的两路交流供电，每路电源应具备应急指挥中心满负荷供电能力，且两路交流电源之间能实现互为备用；

b）交流失电后，应急指挥场所内的音频、视频、应急照明设备、应急指挥系统主机、网络与通信设备等应由不间断电源供电，供电时间不低于 4h。同时，应急指挥场所应在交流失电 1h 内启动应急电源进行供电；

c）在应急指挥区、控制区、设备间（机房）周围墙上应均匀安装 220V 电源插座，宜采用两极加三极联体插座电源插座，每个插座的电流容量不小于 10A。

7.1.7.2 接地

应急指挥场所接地系统应符合下列规定：

a）保护地线应采用三相五线制中的第五根线，与交流电源的零线应严格分开；

b）保护地线的接地电阻值，单独设置接地体时，不应大于 4Ω；采用联合接地体时，不宜大于 1Ω；

c）保护地线的杂音干扰电压不应大于 25mV；

d）接地系统应采用单点接地的方式。信号接地、机壳接地、电源告警接地、防静电接地等均应分别用导线经接地排，一点接至接地体。

7.1.7.3 防雷

应急指挥场所防雷应符合 GB 50057 和 GB 50343 的有关规定。

7.1.8 消防

应急指挥场所应急指挥区、会商区、值班区、控制区消防系统应符合 GB 50222 的有关规定，设备间（机房）的消防系统应符合国标的要求。

7.1.9 抗震

应急指挥场所所在建筑不宜选址在地震带上，建筑本身抗震应符合 GB 50011 的有关规定。

7.1.10 防汛

建于地面以下或受水灾威胁的应急指挥中心应采取防汛措施，防护等级应符合 GB 50201 有关规定，县级应急指挥中心防护等级不低于Ⅲ，市级、省级应急指挥中心防护等级不低于Ⅱ。

支撑材料：应急指挥中心蓄电池维保记录和充放电记录。

【典型问题分析】

典型问题：应急指挥中心不具备独立的两路电源供电；应急指挥中心两路交流电源不能实现互为备用；应急指挥中心无不间断电源进行供电或供电时间小于 4h；应急指挥中心在交流失电 1h 内无法启动应急电源供电。应急指挥中心未装设应急照明设施；未按标准要求定期开展应急指挥中心蓄电池充放电工作并留存记录等。

成因分析：对于上级关于应急指挥中心标准要求理解不透彻，对应急指挥中心具备独立的两路交流供电要求理解存在出入；部分公司因重新布置线路存在困难或新办公场所在建，淡化相关要求。

1.6 综合保障能力

【释义】

本部分主要是对各单位综合保障能力做出了评估，主要包括队伍保障、资金保障、物资保障、装备保障、通信保障、后勤保障、协调机制、科技支撑八个方面的内容。

1.6.1 队伍保障

【释义】

队伍保障包括专家队伍、应急救援基干队伍、应急抢修队伍、客户服务保障队伍、舆情监测队伍。

1.6.1.1　专家队伍

【标准原文】

建设内容：

1. 应组织建立电力应急专家队伍，开展专家信息收集、分类、建档工作，建立相应数据库，逐步完善专家信息共享机制，形成分级分类、专业覆盖全面的电力应急专家资源信息网络。

2. 完善专家参与预警、指挥、抢险救援和恢复重建等应急决策咨询工作机制，开展专家会商、研判、培训和演练等活动；发生突发事件时，相关应急专家组人员应根据需要及时到场，并提供决策咨询。

评估方法：查阅相关文件、制度，检查落实情况。

评分标准：未建立专家队伍不得分；电力应急专家信息不全，发现一处扣 0.5 分；未建立专家参与应急决策咨询工作机制扣 1 分；电力应急专家队伍专业覆盖不全面扣 1 分；扣完为止。

【释义】

本条文主要是对电力应急专家队伍如何组建和应履行的职责做出了规定。

依据《国家电网公司应急管理工作规定》［国网（安监/2）483—2014］：

第二十五条　应急队伍由应急救援基干分队、应急抢修队伍和应急专家队伍组成。应急救援基干分队负责快速响应实施突发事件应急救援；应急抢修队伍承担公司电网设施大范围损毁修复等任务；应急专家队伍为公司应急管理和突发事件处置提供技术支持和决策咨询。

第三十八条　公司各单位应加强应急救援基干分队、应急抢修队伍、应急专家队伍的建设与管理，配备先进和充足的装备，加强培训演练，提高应急能力。

第三十九条　总部及公司各单位应加大应急培训和科普宣教力度，针对所属应急救援基干分队、应急抢修队伍、应急专家队伍人员，定期开展不同层面的应急理论和技能培训，结合实际经常向全体员工宣传应急知识，提高员工应急意识和预防、避险、自救、互救能力。

支撑材料：应急专家队伍成立的文件；应急专家分级分类、专业覆盖信息；专家参与应急决策咨询工作制度、针对应急专家队伍人员定期开展的应急培训和演练的记录等。

典型问题：应急专家队伍专业覆盖不够全面，缺少信访、消防、交通、财务等专业人员；未开展专家信息收集、分类、建档工作；未能根据人员岗位变化及时更新队伍名单。

成因分析：未形成应急专家队伍选拔、培训、管理等应急决策咨询工作与机制，对应急专家的作用认识不足，对应急专家队伍管理不到位。

1.6.1.2 应急救援基干队伍

【标准原文】

建设内容：

1. 应按要求组建企业应急救援基干队伍，人数应满足要求；

2. 应急救援基干队伍应具有相应的应急救援能力和技术水平，现场抽查考问应急救援基干队伍成员关于应急理论、基本技能、专业技能、应急装备操作技能等知识；

3. 应急救援基干队伍应具有完善的日常管理制度；

4. 应急救援基干队伍人员按要求每年参加应急演练和培训；

5. 应急救援基干队伍装备应状态良好、种类齐全、数量充裕，应定期检修并更新，能满足全天候需求；

6. 应为应急救援基干队员购买人身意外伤害保险，配备必要的防护装备和器材。

评估方法：查看相关文件。

评分标准：未组建应急救援基干队伍不得分，人数不满足要求扣4分；专业配置不满足需求的每项扣1分；未制定日常管理制度的不得分，制度不完善的扣2分；未按要求进行演练和培训扣2分；发现一人未购买人身意外伤害保险扣1分；防护器材不全或不可用的每发现一处扣1分；扣完为止。

【释义】

本条文主要是对应急救援基干队伍组建要求、日常管理、培训演练、装备等方面做出了规定。

依据《国家电网公司应急救援基干分队管理规定》[国网（安监/3）854—2017]：

第四条 公司各级基干分队管理部门应依据本规定，加强本单位基干分队人员、装备、培训、演练、应急救援、资金保障、检查考核等方面的管理，促进基干分队持续、健康发展。

第八条 各省公司均应设置一支省级基干分队，并应结合实际，在所辖偏远地区和突发事件多发地区，设置地市供电公司或县级供电公司层面的基干分队，作为省公司基干分队的有效补充。

第十条 各省公司应合理利用各种资源，优化辖区内基干分队建设规划。对于启动应急响应后省公司基干分队可迅速到达的地市，原则上不再设立地市供电公司层面的基干分队；对于启动应急响应后地市供电公司基干分队可迅速到达的县（区），原则上不再设立县级供电公司基干分队。

第十一条 省公司基干分队定员不少于50人，设队长1人，副队长2人；地市供电公司基干分队定员20至30人，设队长1人，副队长1至2人；县级供电公司基干分队定员10至15人，设队长1人，副队长1人。

第十二条 省公司、地市供电公司基干分队内部一般分为综合救援、应急供电、信息通信、后勤保障四组，各组根据人员数量设组长1至2人。

第十三条 基干分队属非全脱产性质，省公司基干分队挂靠在省送变电公司、省检修公司、重点城市供电公司或应急主管机构；地市和县级供电公司基干分队一般挂靠在灾害易发、多发地区供电单位、运行检修单位或工程施工单位。人员主要从挂靠单位选取，如确有需要也可从其他基层单位选取少量人员，但需满足队伍快速集结出发的要求。

第二十一条 基干分队应配备运输、通信、电源及照明、安全防护、单兵、生活等各类装备，具体种类、型号、参数、数量在公司统一指导下确定，省公司、地市供电公司、县级供电公司层面的基干分队装备配置清单参考附件3。各省公司应结合所处地域社会环境、自然环境、可能面临的灾害种类等实际，在标准配置的基础上增加或减少相关装备。动中通应急通信车等采购和使用价格高的装备，其购置、配备需接受信通部等专业部门指导，按照有关专业部门统一规划布局进行配备。

第二十二条 各单位应设置仓库用于存放各类应急装备，装备仓库宜设置在各单位应急基干分队挂靠单位。基干分队应落实专人，定期对应急装备进行保养维护。

依据《国家电网公司应急管理工作规定》[国网（安监/2）483—2014]：

第二十五条 应急队伍由应急救援基干分队、应急抢修队伍和应急专家队伍组成。应急救援基干分队负责快速响应实施突发事件应急救援；应急抢修队伍承担公司电网设施大范围损毁修复等任务；应急专家队伍为公司应急管理和突发事件处置提供技术支持和决策咨询。

第三十八条 公司各单位应加强应急救援基干分队、应急抢修队伍、应急专家队伍的建设与管理，配备先进和充足的装备，加强培训演练，提高应急能力。

第三十九条 总部及公司各单位应加大应急培训和科普宣教力度，针对所属应急救援基干分队、应急抢修队伍、应急专家队伍人员，定期开展不同层面的应急理论和技能培训，结合实际经常向全体员工宣传应急知识，提高员工应急意识和预防、避险、自救、互救能力。

第四十一条 公司各单位应加强应急救援基干分队、应急抢修队伍、应急专家队伍的建设与管理。配备先进的装备和充足的物资，定期组织培训演练，提高应急能力。

第四十二条 总部及公司各单位应加大应急培训和科普宣教力度，针对所属应急救援基干分队和应急抢修队伍，定期开展不同层面的应急理论、专业知识、技能、身体素质和心理素质等培训。应急救援人员经培训合格后，方可参加应急救援工作。应结合实际经常向应急从业人员进行应急教育和培训，保证从业人员具备必要的应急知识，掌握风险防范技能和事故应急措施。

支撑材料：应急救援基干队伍组建的文件，专业配置及人员组成；应急救援基干队伍日常管理制度，应急救援基干队伍演练和培训记录；人身意外伤害保险缴纳证明；应急救援基干队伍防护器材台账及维护保养记录等。

【典型问题分析】

典型问题：未按要求建立应急救援基干队伍；专业配置不足；未组织队伍演练和培训；未缴纳人身意外伤害保险；未建立应急救援基干队伍防护器材台账；防护器材维护保养记录不规范。

成因分析：对应急救援基干队伍的作用认识不足，管理不规范、不到位。

1.6.1.3 应急抢修队伍

【标准原文】

建设内容：

1. 应组建专业应急抢修队伍；

2. 加强应急抢修队伍的日常管理；

3. 定期组织技能培训、装备保养、预案演练等活动；

4. 技能培训实训基地应配备应急队伍各种培训所需的训练和演习设施。

评估方法：查阅相关资料。

评分标准：未建立应急抢修队伍不得分；未严格执行管理制度，扣2分；未定期组织技能培训、装备保养、预案演练扣2分；技能培训基地不满足训练和演习要求扣2分。

【释义】

本条文主要是对应急抢修队伍组建要求、日常管理、培训演练、装备等方面做出了规定。

依据《国家电网公司应急管理工作规定》[国网（安监/2）483—2014]：

第二十五条 应急队伍由应急救援基干分队、应急抢修队伍和应急专家队伍组成。应急救援基干分队负责快速响应实施突发事件应急救援；应急抢修队伍承担公司电网设施大范围损毁修复等任务；应急专家队伍为公司应急管理和突发事件处置提供技术支持和决策咨询。

第三十八条 公司各单位应加强应急救援基干分队、应急抢修队伍、应急专家队伍的建设与管理，配备先进和充足的装备，加强培训演练，提高应急能力。

第三十九条 总部及公司各单位应加大应急培训和科普宣教力度，针对所属应急救援基干分队、应急抢修队伍、应急专家队伍人员，定期开展不同层面的应急理论和技能培训，结合实际经常向全体员工宣传应急知识，提高员工应急意识和预防、避险、自救、互救能力。

支撑材料：应急抢修队伍成立的文件；应急抢修队伍管理制度；定期组织技能培训、装备保养、预案演练记录；技能培训基地训练和演习设施等。

【典型问题分析】

典型问题：未定期组织应急抢修队伍开展技能培训、装备保养、预案演练等活动；抢修队伍参与培训、演练次数、人数不足，培训、演练记录资料不全；未提供应急抢修队伍装备保养的资料。

成因分析：对应急抢修队伍的作用认识不足，管理不规范、不到位。

1.6.1.4 客户服务保障队伍

【标准原文】

建设内容：

1. 应明确客户服务队伍应急状态下的工作职能；

2. 定期组织技能培训、预案演练等活动；

3. 掌握客户信息并建立畅通的信息联络与沟通渠道。

评估方法：查阅相关资料。

评分标准：未建立客户服务队伍不得分；未严格执行管理制度，扣1分；未定期组织技能培训、预案演练扣1分。

【释义】

本条文主要是对客户服务保障队伍组建、工作职能、技能培训、预案演练等方面做出了规定。

支撑材料：客户服务队伍成立的文件；客户服务队伍管理制度；定期组织技能培训、预案演练的记录等。

【典型问题分析】

典型问题：客户服务队伍成立不规范，无建立客户服务队伍的相关文件；无定期组织客户服务队伍进行技能培训的相关记录。

成因分析：相关责任部门对客户服务队伍的作用认识不足，对客户服务队伍的管理不到位。

1.6.1.5 舆情监测队伍

【标准原文】

建设内容：

1. 建立舆情监测队伍；

2. 定期组织技能培训、预案演练等活动；

3. 掌握媒体信息并建立畅通的信息联络与沟通渠道。

评估方法：查阅相关资料。

评分标准：未建立舆情监测队伍不得分；未严格执行管理制度，扣1分；未定期组织技能培训、预案演练扣1分。

本条文主要是对舆情监测队伍组建、技能培训、预案演练等方面做出了规定。

支撑材料：舆情监测队伍成立文件；舆情监测队伍管理制度；定期组织技能培训、预案演练的相关记录等。

【典型问题分析】

典型问题：未定期组织舆情监测队伍人员进行技能培训、预案演练等活动；队伍人员组成未能根据人员岗位变化及时更新。

成因分析：相关责任部门对舆情监测保障队伍的作用认识不足，对舆情监测保障队伍的管理不到位。

1.6.2　资金保障

【标准原文】

建设内容：

1. 应将应急培训、演练、应急系统建设及运行维护等所需资金，纳入年度资金预算，建立健全应急保障资金投入机制；

2. 应保证所需经费的提取和使用；

3. 应对实施情况进行监督。

评估方法：查阅安监、财务部门相关资料。

评分标准：未将应急体系建设所需资金纳入年度资金预算不得分；未对应急经费使用情况进行监督扣 2 分。

【释义】

本条文是对应急培训、演练、应急系统建设及运行维护等所需资金的投入机制、提取和使用保证、实施情况监督方面做出了规定。

依据《国家电网有限公司应急物资管理办法》［国网（物资/2）126—2020］：

第十四条　各级计划管理部门负责应急实物储备物资年度采购投资计划管理，完成应急实物采购项目立项。

第十五条　各级财务部门负责根据批准的应急物资储备方案筹措、管理应急物资采购资金。

支撑材料：年度资金预算；年度应急自主成本及零购项目；运检部防汛及备品备件项目；对应急经费使用情况进行监督的记录等。

【典型问题分析】

典型问题：未将应急体系建设所需资金纳入年度资金预算；未对应急经费使用情况进行监督。

成因分析：相关责任部门对应急体系建设资金认识不足，管理不到位。

1.6.3　物资保障

【释义】

物资保障包括物资采购与仓储、物资调拨与回补、物资信息管理。

1.6.3.1　物资采购与仓储

【标准原文】

建设内容：

1. 主要应急物资应符合所属省公司要求，主要应急物资包括一、二次电气专业设备、备品备件及救灾物资等；

2. 按照统一采购、分级管理的原则以及公司招投标采购的有关规定，组织实施应急物资的采购工作；

3. 应急救援抢险过程中，当物资不能满足抢险需要时，可以采取非招标的紧急采购方式；

4. 应急物资应按相应规定设立专用仓库妥善存放和按时保养；

5. 指定专人负责。

评估方法：现场检查物资仓库，查阅物资采购流转、维护保养的相关资料。

评分标准：未按规定采购应急物资不得分；未按规定存放和保养，每件（套）扣1分；装备存在故障或缺陷，影响安全和使用性能，每件（套）扣1分；未指定专人负责扣2分；使用后未记录的情况发现一处扣1分；扣完为止。

【释义】

本条文对应急物资采购、存放和保养、专人管理方面做出了规定。

依据《国家电网有限公司应急物资管理办法》[国网（物资/2）126—2020]：

第四条 应急物资管理是指为满足应急物资需求而进行的物资供应组织、计划、协调与控制。应急物资管理遵循"集中管理、统一调拨、平时服务、灾时应急、采储结合、节约高效"的原则。

第三十二条 日常准备阶段，建立组织保障机制，按照应急保障组织体系明确的岗位人员，可立即组建应急物资保障工作组。建立库存盘点及检查机制，实时掌握库存台账，按照定额补库到位，做好随时调用准备。建立供应商与物流商快速联络机制，优选供应商和物流商名单，能够在应急状态下快速响应应急需求。

支撑材料：应急物资管理办法、备品备件管理办法；应急物资保养手册；省物资部关于应急物资申请及采购的通知；应急物资装备管理制度；应急物资台账、出入库记录及维保记录。

【典型问题分析】

典型问题：应急物资管理不规范；应急物资台账明细不全；无应急物资出入库记录；应急物资未明确管理人员，未体现专人专管要求；未按要求妥善存放和按时保养。

成因分析：应急物资管理职责不明确，日常管理工作不到位。

1.6.3.2 物资调拨与回补

【标准原文】

建设内容：

1. 应建立应急储备物资统一调拨制度；

2. 应建立信息数据库，明确现场应急物资的类型、数量、性能和存放位置；

3. 健全应急物资紧急调拨和快速回补机制。

评估方法：查阅应急物资调拨制度、应急物资台账等。

评分标准：未建立应急储备物资统一调拨制度不得分；未制定企业应急物资清单扣2分。

【释义】

本条文对应急储备物资统一调拨制度、信息数据库、应急物资紧急调拨和快速回补机制的建立做出了规定。

依据《国家电网有限公司应急物资管理办法》[国网（物资/2）126—2020]：

第四条 应急物资管理是指为满足应急物资需求而进行的物资供应组织、计划、协调与控制。应急物资管理遵循"集中管理、统一调拨、平时服务、灾时应急、采储结合、节约高效"的原则。

支撑材料：上级应急物资调拨管理办法；企业应急物资清单；应急物资消耗后提出的调拨和回补申请等。

【典型问题分析】

典型问题：未建立应急储备物资统一调拨制度；未制定企业应急物资清单。

成因分析：应急储备物资统一调拨职责不明确，日常管理工作不到位。

1.6.3.3 物资信息管理

【标准原文】

建设内容：

1. 在编制物资需求计划时应考虑事故应急，并实行应急物资分级储备，统一管理；

2. 应建立应急物资动态数据库，在事故应急时可迅速获取物资储备的资源分布情况，保障应急物资供应。

评估方法：检查应急物资存放现场、查阅物资信息系统、物资需求计划、台账等资料。

评分标准：未实行应急物资分级管理制度，不得分；未建立动态数据库不得分；应急物资储备数量不足每类扣 1 分；信息不完整每项扣 1 分；更新不及时、信息有差错发现一处扣 1 分；扣完为止。

【释义】

本条文对应急物资分级管理制度、应急物资动态数据库的管理做出了规定。

支撑材料：物资信息系统、台账资料等。

【典型问题分析】

典型问题：未实行应急物资分级管理制度；未建立动态数据库；应急物资储备数量不足；信息不完整或更新不及时。

成因分析：对应急物资分级管理制度不了解，职责不明确，日常管理不规范。

1.6.4　装备保障

【释义】

装备保障包括装备配置、装备维护管理。

1.6.4.1　装备配置

【标准原文】

建设内容：

主要应急装备应符合所属省公司要求，做到门类齐全、先进适用，主要应急装备包括：

1. 通信及定位装备；

2. 运输装备；

3. 发电及照明装备；

4. 基本生活装备。

评估方法：检查应急装备存放现场、检查台账资料。

评分标准：未编制应急装备清单台账扣 2 分；无应急发电车，扣 2 分，无高杆应急照明灯扣 2 分，未按标准配置应急抢修车每发现一处扣 1 分，应急基干救援队伍、应急抢修队伍装备未按要求配置每发现一处扣 1 分；扣完为止。

【释义】

本条文主要对应急装备配置标准做出了规定。

支撑材料：应急装备台账；应急发电车资料；应急基干救援队伍、应急抢修队伍装备台账等。

【典型问题分析】

典型问题：未建立应急装备台账或应急装备台账不完整；配备的应急装备门类不齐全。

成因分析：应急装备管理职责不明确，日常管理工作不到位。

1.6.4.2　装备维护管理

【标准原文】

建设内容：

1. 专用装备设施应按相应规定设立专用仓库妥善存放和按时保养；

2. 指定专人负责。

评估方法：查阅应急装备维护制度、使用、保养记录。

评分标准：未建立应急装备维护管理制度不得分；装备维护使用信息不完整、更新不及时扣 2 分；信息有差错扣 1 分；扣完为止。

【释义】

本条文主要对应急装备日常维护管理做出了规定。

支撑材料：应急装备维护管理制度；近几年应急装备维护专项资金计划；应急装备维护保养记录等。

【典型问题分析】

典型问题：未建立应急装备维护管理制度；装备维护使用信息不完整、更新不及时；信息有差错；应急装备未定期维护。

成因分析：应急装备管理职责不明确，日常管理工作不到位。

1.6.5　通信保障

【标准原文】

建设内容：

通信保障应包括：

1. 应急通信网络实现省、市、县全覆盖。完善应急卫星、短波等通信系统，建立有线与无线、固定与机动、公众通信与电力专网相结合的应急通信保障体系。省级公司应配置大波束和点波束卫星远端站（含车载站、便携站）、配套 MESH 设备及卫星电话，配置超短波电台等地面延伸设备；地市级公司、县（区）级公司应急机构至少配备一种小型便携应急通信终端（如卫星远端站、卫星电话等），特别重大突发事件现场图像等信息力争 4h 内传送到上级应急指挥平台。

2. 应严格执行应急通信管理制度。

3. 在正常情况下，应由调度电话、行政电话、外线电话、手机、电传、电子邮件等方式作为通信与信息保障。

4. 有关应急值班人员手机应保持每天 24h 开机。

5. 应急响应期间，应有可靠的指挥、调度、通信联络和信息交换渠道。

评估方法：检查应急联络制度、现场查看应急通信设备设施。

评分标准：未配置应急通信设备，扣 3 分；未严格执行应急通信管理制度，扣 3 分；未建立相应通信录，扣 2 分；相关人员通信方式不齐全扣 1 分；应急通信与信息不畅通，扣 2 分；扣完为止。

【释义】

本条文主要对应急通信系统、应急通信管理制度、应急通信录、应急信息保障、通信联络和信息交换渠道等方面做出了规定。

支撑材料：应急通信管理制度；应急领导小组通信录；应急专家通信录；应急服务队通信录；客户应急服务队通信录；舆情协同监测处置队伍通信录等。

【典型问题分析】

典型问题：未执行应急通信管理制度；未建立相应通信录；相关人员通信方式不齐全；应急通信与信息不畅通。

成因分析：应急通信保障职责不明确，日常管理工作不到位。

1.6.6 后勤保障

【标准原文】

建设内容：建立应急后勤保障体系和方案，保证突发事件发生后对灾区抢修队伍及员工生活、医疗、心理等方面的快速保障与救助。

评估方法：查阅相关文件、制度，检查落实情况。

评分标准：未建立后勤应急保障体系，不得分；人员职责不清扣 2 分；应急保障措施不落实扣 3 分；扣完为止。

【释义】

本条文主要对后勤应急保障体系、人员职责、应急保障措施等方面做出了规定。

支撑材料：后勤应急保障体系、后勤应急保障方案；后勤保障物资装备台账等。

典型问题：未建立后勤应急保障体系；人员职责不清；应急保障措施未落实。

成因分析：后勤保障职责不明确，日常管理工作不到位。

1.6.7 协调机制

【释义】

协调机制包括供电企业与政府部门、单位的协调联动，供电企业内部上下协调，供电企业与平等单位间的协调，厂网协调，供电企业与重要用户之间的协调。

1.6.7.1 供电企业与政府部门、单位的协调联动

【标准原文】

建设内容：

1. 地市级供电企业应与当地政府部门建立协调联动机制；发生大面积停电、人身伤亡、较大涉电等突发事件时，应及时向政府汇报，争取各方面支援；

2. 应与公共服务资源建立协调机制，建立相互协作支援机制；

3. 应急情况下，供电企业应配合和支持政府或重要单位的应急工作。

评估方法：查看应急预案及相关文件。

评分标准：供电企业与政府未建立协调联动机制不得分；未与公共服务资源建立协调机制不得分；未及时配合和支持政府或重要单位应急工作不得分。

【释义】

本条文对地市级供电企业与当地政府部门之间的协调联动机制、供电企业与公共服务资源之间的协调机制做出了规定。

支撑材料：应急预案；应急联动协议；当地政府下发的《大面积停电应急预案》；当地政府应急信息报送数据平台；参与社会突发事件应急处置资料；当地政府的其他预案等。

【典型问题分析】

典型问题：供电企业与政府未建立协调联动机制；未与公共服务资源建立协调机制。

成因分析：协调联动机制职责不明确，日常管理工作不到位。

1.6.7.2 供电企业内部上下协调

【标准原文】

建设内容：

1. 应建立上下级协调统一的应急预案启动机制；

2. 协调方案的内容应包括：上级调配下级资源及下级向上级请求使用资源。

评估方法：查看应急预案及相关文件。

评分标准：上下级应急预案的启动条件不协调不得分；协调方案内容不全面扣2分。

【释义】

本条文对供电企业内部上下级协调统一的应急预案启动机制做出了规定。

支撑材料：应急预案、协调方案等。

【典型问题分析】

典型问题：上下级应急预案的启动条件不协调；协调方案内容不全面。

成因分析：应急预案启动机制不健全，日常管理工作不到位。

1.6.7.3 供电企业与平等单位间的协调

【标准原文】

建设内容：

1. 相邻的供电企业之间应建立应急支援机制；

2. 有电气联系的供电企业，供电企业与信息通信、施工企业应建立应急联动机制。

评估方法：查看应急预案及相关文件。

评分标准：与相邻供电企业之间未建立相互支援机制不得分；有电气联系交叉供电的供电企业无相互支援机制扣 1 分；与相关信息通信企业之间未建立应急联动机制扣 1 分；与相关施工企业之间未建立应急联动机制扣 1 分；扣完为止。

本条文对相邻的供电企业之间，有电气联系的供电企业之间，供电企业与信息通信、施工企业之间的应急联动机制做出了规定。

支撑材料：市、县公司应急救援协调联动协议等。

典型问题：未提供相应的应急救援协调联动协议；未建立跨地区协调联动机制。

成因分析：供电企业与平等单位间的协调机制不健全，日常管理工作不到位。

1.6.7.4　厂网协调

【标准原文】

建设内容：

1. 供电企业与并网电厂应签订并网调度协议，明确电网稳定、电能质量等内容；

2. 供电企业应根据电厂类型、是否为黑启动机组等建立不同的协调机制，同时应考虑地方电厂协调机制；

3. 协调机制失灵时应有快速调解机制。

评估方法：查看应急预案及相关文件。

评分标准：应急预案未规定协调机制不得分；厂网之间无并网调度协议扣 1 分；未根据电厂类型建立不同的协调机制扣 1 分；未考虑地方电厂协调机制扣 1 分；未建立快速调解机制扣 1 分；扣完为止。

【释义】

本条文对供电企业与并网电厂之间协调机制做出了规定。

支撑材料：应急预案、并网调度协议等。

【典型问题分析】

典型问题：应急预案未规定协调机制；厂网之间无并网调度协议。

成因分析：供电企业与并网电厂协调机制不健全，日常管理工作不到位。

1.6.7.5 供电企业与重要用户之间的协调

【标准原文】

建设内容：

1. 应与重要用户建立协调机制；

2 应对重要用户自备电源进行备案；

3. 应制定有效的措施，保证重要用户的电气操作或紧急自备供电行为不会对电网起负面影响；

4. 与重要用户签订输配电设施代维代运协议的，代维代运部门资质及对外服务的能力应满足要求。

评估方法：查看应急预案及相关文件。

评分标准：供电企业未与重要用户制定协调机制不得分；未对重要用户自备电源进行评估发现一处扣1分；未制定防止重要用户的电气操作或紧急自备供电对电网影响的措施发现一处扣1分；签订代维代运协议的部门资质或能力不满足要求不得分；扣完为止。

【释义】

本条文对供电企业与重要用户之间的协调机制做出了规定。

支撑材料：应急预案；重要用户自备电源备案资料。

【典型问题分析】

典型问题：供电企业未与重要用户制定协调机制；未对重要用户自备电源进行备案。

成因分析：供电企业与重要用户制定协调机制不健全，日常管理工作不到位。

1.6.8 科技支撑

【释义】

科技支撑包括应急理论与技术学习、应急新技术及装备应用。

1.6.8.1　应急理论与技术学习

【标准原文】

建设内容：

1. 应开展应急理论与技术学习，将其纳入应急培训内容中；

2. 收集国内外各种类型重大事故应急救援案例，总结经验和吸取教训。

评估方法：查阅事故通报、安全简报、相关资料。

评分标准：未将应急理论与技术研究学习纳入应急培训，扣1分；未将典型实战案例纳入培训，扣1分。

【释义】

本条文对开展应急理论与技术学习、收集国内外各种类型重大事故应急救援案例等做出了规定。

支撑材料：应急培训计划、典型实战案例库及培训记录等。

【典型问题分析】

典型问题：未将应急理论与技术研究学习纳入应急培训；未将典型实战案例纳入培训。

成因分析：对应急理论与技术研究学习不重视，职责不明确。

1.6.8.2　应急新技术及装备应用

【标准原文】

建设内容：做好事件预测、预防、预警和应急处置等方面新技术、新装备的应用和推广。

评估方法：检查应急装备存放现场，检查台账资料。

评分标准：未开展事件预测、预防、预警和应急处置等方面新技术及新装备的应用和推广不得分。

【释义】

本条文对应急新技术及装备的应用和推广做出了规定。

支撑材料：应急装备现场及台账等。

典型问题：未开展新技术及新装备的应用和推广。

成因分析：对事件预测、预防、预警和应急处置等方面新技术及新装备不了解、不重视。

1.7 常态化应急值班

1.7.1 值班体系

【标准原文】

建设内容：

1. 各级应急值班室设置值班室负责人至少 2 名，其中值班室主要负责人由本单位应急管理归口部门负责人兼任。

2. 应急值班室应按照 24h 不间断值班要求足量配置值班员，且不少于 4 个值。其中地市、县级应急值班室每值 2 人；每值至少设置 1 名值班长。

3. 应急值班室在重大会议、活动期间和重要节假日以及预警响应、应急响应期间，应组织应急备班，并根据响应等级和突发事件影响，组织备班人员上岗值班。

评估方法：查看应急值班管理规定及值班记录。

评分标准：应急值班室负责人不满足要求不得分；应急值班员人数不满足要求不得分；应急值班记录不完整，发现一次扣 1 分；扣完为止。

【释义】

依据《国家电网有限公司电力突发事件应急响应工作规则》[国网（安监/3）1106—2022]：

第十五条 公司总部由指挥长负责组织相关工作组在应急指挥中心开展 24h 联合应急值班，做好事件信息收集、汇总、报送等工作。办公室（总值班室）、宣传部以及国调中心在本部门开展专业值班，并及时向应急指挥中心提供相关信息。事发单位、相关分部在本单位应急指挥中心开展应急值班，及时收集、汇总事件信息并报送公司总部。

依据《国家电网公司应急队伍管理规定（试行）》[国网（运检/4）618—2008（F）]：

第二十条 应急队伍日常值班可与本单位安全生产值班合并进行。应急事件发生后，应单独设立 24h 应急值班。

公司应急值班室应按照要求配置充足的值班员，并且不能少于 4 个值，其中地市、县级应急值班室应保证每值为 2 人，且其中 1 名为值班长。

支撑材料：应急值班管理规定、值班记录等。

【典型问题分析】

典型问题：应急值班室负责人不满足要求；应急值班员人数不满足要求；应急值班记录不完整。

成因分析：公司应急值班相关管理制度不完善，公司未组织相关人员进行培训，应急值班室负责人未由本单位应急管理归口部门负责人兼任；应急值班员人数不满足每值 2 人；应急值班记录未按要求记录。

1.7.2　日常值班

1.7.2.1　资源核查

【标准原文】

建设内容：地市级、县级应急值班室每日开展资源核查，每周对所属单位完成一轮次核查。发现问题时通知专业系统运维人员、应急资源管理人员或下级应急值班员处理，跟踪问题数据整改。核查内容包括应急队伍、应急人员、应急装备、应急物资、设备视频等数据以及应急处置期间针对性应急资源核查。

评估方法：查看应急值班管理规定及值班记录。

评分标准：未开展资源核查不得分；资源核查次数不满足每周 1 次，发现一次扣 0.5 分；资源核查发现问题没有通知相关人员，发现一次扣 0.5 分；扣完为止。

【释义】

地市级、县级应急值班室每日需要开展资源核查的日常工作，以保证突发情况发生时能及时处理，开展资源核查时如果发现问题需要立刻通知专业系统运维人员、应急资源管理人员或下级应急值班员处理，跟踪问题数据整改，直到整改无误，核查内容为应急队伍、应急人员、应急装备、应急物资、设备视频等数据以及应急处置期间针对性应急资源核查，核查周期为每天一次。

支撑材料：应急值班管理规定、值班记录等。

【典型问题分析】

典型问题：未开展资源核查；资源核查次数不满足每周 1 次；资源核查发现问题没有通知相关人员。

成因分析：公司应急资源核查相关管理制度不完善，公司未组织相关人员进行培训，未按照要求进行资源核查或者核查周期少于一周一次；相关人员对资源核查发现的问题不重视。

1.7.2.2　应急预案检查

【标准原文】

建设内容：

1. 检查本单位应急预案是否超期未修订；

2. 检查下级单位报备的应急预案和现场处置方案是否超修订周期。

评估方法：查看应急值班管理规定及值班记录。

评分标准：未对本单位应急预案进行检查不得分；应急预案超期未修订，发现一个扣 0.5 分；未对下级单位报备的应急预案和现场处置方案进行检查，发现一个单位扣 0.5 分不得分；扣完为止。

【释义】

依据《国家电网有限公司应急预案管理办法》[国网（安监/3）484—2019]：

第三十三条　应急预案每三年至少修订一次，有下列情形之一的，应进行修订。

（一）本单位生产规模发生较大变化或进行重大技术改造的；

（二）本单位隶属关系或管理模式发生变化的；

（三）周围环境发生变化、形成重大危险源的；

（四）应急组织指挥体系或者职责发生变化的；

（五）依据的法律、法规和标准发生变化的；

（六）重要应急资源发生重大变化的；

（七）应急处置和演练评估报告提出整改要求的；

（八）政府有关部门提出要求的。

支撑材料：应急值班管理规定、值班记录等。

典型问题：未对本单位应急预案进行检查；应急预案超期未修订；未对下级单位报备的应急预案和现场处置方案进行检查。

成因分析：公司应急预案检查相关管理制度不完善，公司未组织相关人员进行培训，未对本单位及下级单位应急预案进行检查，导致应急预案超过修订周期未修订。

1.7.2.3　日常操练

【标准原文】

建设内容：按照规定要求每日开展专项操练和每月开展联合操练，编制执行操练计划，并评价整改操练问题。

评估方法：查看应急值班管理规定及值班记录。

评分标准：未按规定要求每日开展专项操练，发现一次扣 0.5 分；未按规定要求每月开展联合操作，发现一次扣 0.5 分；未编制操练计划，发现一次扣 0.5 分；扣完为止。

【释义】

公司日常操练情况分为每日开展专项操练和每月开展联合操练，结束日常操练后需要编制执行操练计划，并进行评价整改，确保真正应急情况发生时能及时、快速、准确处理。

支撑材料：应急值班管理规定、值班记录等。

【典型问题分析】

典型问题：未按规定要求每日开展专项操练；未按规定要求每月开展联合操作；未编制操练计划。

成因分析：公司应急日常操练相关管理制度不完善，公司未组织相关人员进行培训，未编制操练计划，或者未按编制计划进行每月联合操作和每日专项操练。

1.7.2.4　日常信息传达报送

【标准原文】

建设内容：

1. 接收上级单位、政府部门的应急工作通知，立即汇报本单位应急办，落实工作要求，并通知相关部门、单位；

2. 下级应急值班室每日 7 时、19 时向上级应急值班室报送日常信息。

评估方法：查看应急值班管理规定及值班记录

评分标准：未将上级单位、政府部门的应急工作通知汇报本单位应急办，发现一次扣 0.5 分；未按要求向上级应急值班室报送日常信息，发现一次扣 0.5 分；扣完为止。

【释义】

公司应急办作为接收上级单位、政府部门的应急工作通知的部门，需要及时落实上级应急工作要求，并通知应急工作相关部门、单位；

下级应急值班室每日 7 时、19 时向上级应急值班室报送日常信息。

支撑材料：应急值班管理规定、值班记录等。

【典型问题分析】

典型问题：未将上级单位、政府部门的应急工作通知汇报本单位应急办；未按要求向上级应急值班室报送日常信息。

成因分析：公司应急日常信息传达报送相关管理制度不完善；公司未组织相关人员进行培训；未按要求向上级对口部门报送本单位消息或未将上级对口部门通知及时汇报至本单位。

1.7.3 值班管理

【标准原文】

建设内容：

1. 各级应急值班室要建立覆盖本单位有关部门、上下级应急值班室、应急救援基干分队以及政府相关部门的值班通信录；

2. 值班员应全面准确记录值班期间重要事项和处理情况，值班记录内容应客观真实、要素齐全、详略得当，记录时间具体到分钟；

3. 应急值班室应提前 2 周排定下月值班计划，报本单位应急管理归口部门批准，值班员应按值班计划表值班；

4. 通过多种方式开展应急值班人员日常培训，每年至少对本单位值班人员开展新一代应急指挥系统应用、信息收集与上报各 1 次专项培训，对首次参与应急值班人员要开展岗前培训；

5. 设置值班人员专用的值班监控席位，非值班人员不得占用，值班席位应悬挂岗位铭牌标识。

评估方法：查看应急值班管理规定及值班记录。

评分标准：未建立值班通信录不得分，值班通信录不完整扣 1 分；值班记录不符合要求，发现一处扣 0.5 分；未制定值班计划，发现一次扣 0.5 分；值班员未按值班计划表值班，发现一次扣 0.5 分；未对值班人员开展新一代应急指挥系统专项培训，发现一次扣 0.5 分；首次参与应急值班人员未开展岗前培训，发现一次扣 0.5 分；未设置值班监控席位，扣 1 分；扣完为止。

【释义】

各级应急值班室要建立覆盖本单位有关部门、上下级应急值班室、应急救援基干分队以及政府相关部门的值班通信录，确保日常应急演练、真正应急处理时能及时联系上对口部门；

值班员应全面准确记录值班期间重要事项和处理情况，值班记录内容应客观真实、要素齐全、详略得当，记录时间具体到分钟；

应急值班室应提前 2 周排定下月值班计划，报本单位应急管理归口部门批准，值班员应按值班计划表值班；

通过多种方式开展应急值班人员日常培训，每年至少对本单位值班人员开展新一代应急指挥系统应用、信息收集与上报各 1 次专项培训，对首次参与应急值班人员要开展岗前培训；

设置值班人员专用的值班，在值班位置需有标识证明，且非值班人员不得随意占用值班室。

支撑材料：应急值班管理规定、值班记录等。

【典型问题分析】

典型问题：未建立值班通信录，值班通信录不完整；值班记录不符合要求；未制定值班计划；值班员未按值班计划表值班；未对值班人员开展新一代应急指挥系统专项培训；首次参与应急值班人员未开展岗前培训；未设置值班监控席位。

成因分析：公司应急值班管理相关管理制度不完善；公司未组织应急值班相关人员进行培训；值班计划表、值班通信录未按要求设置或设置不完整；未设置值班监控席位。

1.7.4 值班考核

【标准原文】

建设内容：

1. 各级应急值班室每日对至少 1 家所属下一级单位值班情况进行常态化检查评价，每周完成 1 轮次检查；在节假日、重大会议、重要活动保电期间，增加检查频次；

2. 每周定期组织开展应急值班视频点名，传达有关要求，总结点评、安排部署值班工作；

3. 各级应急值班室对下级单位值班情况、资源检查情况、日常操练情况等进行评价，生成《应急工作评价表》。

评估方法：查看应急值班管理规定及值班记录、值班考核结果。

评分标准：未每日对下级单位进行常态化检查，发现一次扣 0.5 分；未每周完成 1 轮次检查，发现一次扣 0.5 分；未每周开展应急值班视频点名，发现一次扣 0.5 分；未对下级单位值班情况进行评价，发现一次扣 0.5 分；扣完为止。

【释义】

各级应急值班室每日对至少 1 家所属下一级单位值班情况进行常态化检查评价，每周完成 1 轮次检查，确保下级单位应急处于良好状态；在节假日、重大会议、重要活动保电期间，增加检查频次；

每周定期组织开展应急值班视频点名，传达有关要求，总结点评、安排部署值班工作；

各级应急值班室对下级单位值班情况、资源检查情况、日常操练情况等进行评价，生成《应急工作评价表》。

支撑材料：应急值班管理规定、值班记录、值班考核记录等。

【典型问题分析】

典型问题：未每日对下级单位进行常态化检查；未每周完成 1 轮次检查；未每周开展应急值班视频点名；未对下级单位值班情况进行评价。

成因分析：公司应急值班考核相关管理制度不完善，公司未组织相关人员进行培训，对下级单位进行常态化检查周期不符合要求或者检查内容不符合要求。

1.8 新一代应急指挥系统日常应用

1.8.1 应急值班

1.8.1.1 值班日志

【标准原文】

建设内容：

1. 落实常态化值班要求，全面、详细、规范记录安全生产、预警、应急响应等相关工作开展情况；

2. 按时提交当值值班日志。

评估方法：查看新一代应急指挥系统。

评分标准：值班记录不完整，发现一处扣 0.5 分；未按时提交值班日志，发现一次扣 0.5 分；扣完为止。

【释义】

依据《新一代应急指挥系统应用与管理评价细则（试行）》附件 1　SG-ECS 系统应用评价要求表　值班日志：

1. 落实常态化值班要求，全面、详细、规范记录值班安全生产、预警、应急响应等相关工作开展情况；

2. 按时提交当值值班日志。

支撑材料：新一代应急指挥系统。

【典型问题分析】

典型问题：公司应急值班管理不规范；未按要求填写值班日报，或未按时提交值班日志至新一代应急指挥系统。

成因分析：应急值班管理制度不完善；公司未组织相关人员进行培训，相关人员对新一代应急指挥系统操作不熟练、不规范。

1.8.1.2 值班日报

【标准原文】

建设内容：

1. 总结当值值班工作，准确编写值班日报；

2. 按时提交当日值班日报。

评估方法：查看新一代应急指挥系统。

评分标准：值班日报不符合要求，发现一次扣 0.5 分；未按时提交值班日报，发现一次扣 0.5 分；扣完为止。

【释义】

依据《新一代应急指挥系统应用与管理评价细则（试行）》附件 1 SG-ECS 系统应用评价要求表 值班日报：

1. 在值班日志基础上总结当值值班工作，准确编写值班日报；

2. 按时提交当日值班日报。

支撑材料：新一代应急指挥系统。

【典型问题分析】

典型问题：公司应急值班管理不规范，未按要求填写值班记录，或未按时提交当值值班日志至新一代应急指挥系统。

成因分析：应急值班管理制度不完善，公司未组织相关人员进行培训，相关人员对新一代应急指挥系统操作不熟练、不规范。

1.8.1.3 指令发布

【标准原文】

建设内容：

1. 及时接收和传达上级单位应急指挥相关工作指令；

2. 及时发布本单位应急工作指令；

3. 及时收集本单位有关应急工作指令落实情况，向本单位应急工作领导小组和上级单位反馈。

评估方法：查看新一代应急指挥系统。

评分标准：未对上级单位应急指挥相关工作指令进行接收和传达，发现一次扣 0.5 分；未发布本单位应急工作指令，发现一次扣 0.5 分；扣完为止。

【释义】

依据《新一代应急指挥系统应用与管理评价细则（试行）》附件 1 SG-ECS 系统

应用评价要求表 指令发布：

1. 做好上级单位应急指挥相关工作指令的接收和传达。

2. 做好本单位应急工作指令的发布。

3. 做好本单位有关应急工作指令落实情况的收集，向本单位应急工作领导小组和上级单位反馈。

4. 专业人员及时使用 APP（应用程序）接受和反馈指令。

支撑材料：新一代应急指挥系统。

【典型问题分析】

典型问题：公司应急指挥相关工作指令接收、传达和发布管理不规范；未按要求对上级单位应急相关工作指令进行接收和传达；未及时发布公司应急工作指令。

成因分析：应急相关管理制度不完善；公司未组织相关人员进行培训，相关人员对新一代应急指挥系统操作不熟练、不规范。

1.8.1.4　日常操练

【标准原文】

建设内容：

1. 规范录入操练计划，明确工作内容和要求。

2. 详细记录日常操练工作情况。

评估方法：查看新一代应急指挥系统。

评分标准：未录入操练计划，发现一次扣 0.5 分；日常操练工作情况记录不完整，发现一次扣 0.5 分；扣完为止。

【释义】

依据《新一代应急指挥系统应用与管理评价细则（试行）》附件 1　SG-ECS 系统应用评价要求表 日常操练：

1. 规范录入操练计划，明确工作内容和要求。

2. 按计划开展应急系统联调、统一视频检查等相关任务，详细记录日常操练工作情况。

3. 督促做好日常操练发现问题的闭环整改。

支撑材料：新一代应急指挥系统。

典型问题：公司未按规定录入操练计划或者录入计划不完整；日常操练工作情况记录不完整。

成因分析：应急相关管理制度不完善；公司未组织相关人员进行培训，相关人员对新一代应急指挥系统操作不熟练、不规范。

1.8.2 应急态势感知

1.8.2.1 设备信息

【标准原文】

建设内容：系统接入的输、变、配电设备信息准确，设备跳闸、停运以及恢复信息及时、准确。

评估方法：查看新一代应急指挥系统。

评分标准：系统未接入设备信息的不得分；接入信息不准确的，每处扣 0.5 分；扣完为止。

【释义】

依据《新一代应急指挥系统应用与管理评价细则（试行）》附件 1　SG-ECS 系统应用评价要求表　设备灾损信息：

1. ECS 系统接入的输、变、配电设备信息准确，设备跳闸、停运以及恢复信息及时、准确。

2. 专业人员能够熟练应用 APP 复核、录入设备灾损（含恢复）信息，准确反映现场实际。

支撑材料：新一代应急指挥系统。

【典型问题分析】

典型问题：系统未接入设备信息或者接入信息不全。

成因分析：应急相关管理制度不完善；公司未组织相关人员进行培训，明确系统接入设备要求明细，相关人员对新一代应急指挥系统操作不熟练、不规范。

1.8.2.2 用户信息

【标准原文】

建设内容：系统接入的台区、用户信息准确，停电、复电信息及时、准确。

评估方法：查看新一代应急指挥系统。

评分标准：系统未接入台区、用户信息的不得分；接入信息不准确的，每处扣0.5 分；扣完为止。

【释义】

依据《新一代应急指挥系统应用与管理评价细则（试行）》附件 1 SG-ECS 系统应用评价要求表 用户灾损信息：

1. ECS 系统接入的台区、用户信息准确，停电、复电信息及时、准确。

2. 专业人员能够熟练应用 APP 复核、录入台区与用户的停电复电信息，准确反映现场实际。

支撑材料：新一代应急指挥系统。

【典型问题分析】

典型问题：系统未接入台区、用户信息或者接入信息包含不全。

成因分析：应急相关管理制度不完善；公司未组织相关人员进行培训明确系统接入台区、用户要求明细，相关人员对新一代应急指挥系统操作不熟练、不规范。

1.8.2.3 站内视频资源

【标准原文】

建设内容：

1. 变电站、换流站视频应接尽接，场站位置在 GIS 图上准确标识；

2. 视频监控范围覆盖站内重要部位、主要设备；

3. 系统接入的变电站、换流站视频画面清晰、传输稳定。

评估方法：查看新一代应急指挥系统。

评分标准：场站位置在 GIS 图上不能准确标识，每处扣 0.5 分；视频监控范围未覆盖站内重要部位、主要设备，每处扣 0.5 分；系统未接入视频的不得分；扣完为止。

依据《新一代应急指挥系统应用与管理评价细则（试行）》附件 1　SG-ECS 系统应用评价要求表　站内视频资源：

1. ECS 系统接入的变电站、换流站视频画面清晰、传输稳定。

2. 有关变电站、换流站视频应接尽接，场站位置在 GIS 图上准确标识。

3. 视频照射范围覆盖站内重要部位、主要设备。

4. 视频资源与台风、暴雨、强对流等预警响应准确关联，以及与火灾、地震等应急响应准确关联，满足常态化值班监视需要。

5. 专业人员能够应用 APP 补充变电站、换流站现场有关画面。

支撑材料：新一代应急指挥系统。

【典型问题分析】

典型问题：场站位置未在 GIS 图上准确标识；视频监控范围未覆盖站内重要部位、主要设备；系统未接入视频。

成因分析：应急相关管理制度不完善；公司未组织相关人员进行培训，相关人员对新一代应急指挥系统操作不熟练、不规范。

1.8.2.4　输电线路视频资源

【标准原文】

建设内容：

1. 输电线路"三跨"、密集输电通道、电缆隧道等视频或监拍画面应接尽接，有关线路及铁塔位置在 GIS 图上准确标识；

2. 视频或监拍画面能够观测到线路通道、铁塔及周边情况；

3. 系统接入的输电线路视频或监拍装置，画面清晰、传输稳定。

评估方法：查看新一代应急指挥系统。

评分标准：线路及铁塔位置在 GIS 图上不能准确标识，每处扣 0.5 分；视频或监拍画面不能观测到线路通道、铁塔及周边情况，每处扣 0.5 分；系统未接入视频或监拍装置的不得分；扣完为止。

依据《新一代应急指挥系统应用与管理评价细则（试行）》附件 1　SG-ECS 系统应用评价要求表　输电线路视频资源：

1. ECS 系统接入的输电线路视频或监拍装置，画面清晰、传输稳定。

2. 输电线路"三跨"、密集输电通道、电缆隧道等视频或监拍画面应接尽接，有关线路及铁塔位置在 GIS 图上准确标识。

3. 视频或监拍画面能够观测到线路通道、铁塔及周边情况。

4. 输电线路视频资源与台风、暴雨、强对流等预警响应准确关联，与火灾、地震等应急响应准确关联，做到常态化的值班监视。

5. 专业人员能够应用 APP 补充输电线路现场有关画面。

支撑材料：新一代应急指挥系统。

【典型问题分析】

典型问题：线路及铁塔位置未在 GIS 图上准确标识；视频或监拍画面不能观测到线路通道、铁塔及周边情况；系统未接入视频或监拍装置。

成因分析：应急相关管理制度不完善；公司未组织相关人员进行培训，相关人员对新一代应急指挥系统操作不熟练、不规范。

1.8.3　应急资源监测

1.8.3.1　应急队伍

【标准原文】

建设内容：

1. 动态更新应急抢修队伍、应急救援基干分队信息，队伍数据完整；

2. 各级应急队伍熟练应用系统开展实战、演练、训练工作，使用系统接受任务、反馈任务进展；

3. 能够通过智慧应急 APP 查看队伍台账、分布以及任务进展等信息。

评估方法：查看新一代应急指挥系统。

评分标准：应急队伍未熟练使用系统扣 1 分；APP 不能查看队伍台账、分布以及任务进展等信息扣 1 分；扣完为止。

依据《新一代应急指挥系统应用与管理评价细则（试行）》附件 1　SG-ECS 系统应用评价要求表　应急队伍：

1. 应用系统规范管理省、市、县三级应急队伍，动态更新应急抢修队伍、应急救援基干分队信息，队伍专业覆盖全面、数据完整。

2. 常态开展队伍数据检查工作，台账与实际对应。

3. 各级应急队伍熟练应用系统开展实战、演练、训练工作，使用系统接受任务、反馈任务进展。

4. 队伍定位、轨迹、任务进展等信息准确，满足随查随调随用要求。

5. 能够通过 APP 查看队伍台账、分布以及任务进展等信息。

支撑材料：新一代应急指挥系统。

【典型问题分析】

典型问题：应急队伍未熟练使用系统；APP 不能查看队伍台账、分布以及任务进展等信息。

成因分析：应急相关管理制度不完善；公司未组织应急队伍等相关人员进行培训，相关人员对新一代应急指挥系统操作不熟练、不规范。

1.8.3.2　应急装备

【标准原文】

建设内容：

1. 动态更新应急装备台账，种类齐全、数据完整；

2. 应急装备定位、轨迹、任务关联等信息准确，满足随查随用随调要求；

3. 能够通过智慧应急 APP 查看装备台账、分布等信息。

评估方法：查看新一代应急指挥系统。

评分标准：系统中应急装备信息与实际不一致，发现一处扣 0.5 分；应急装备定位、轨迹、任务关联等信息不完整，不能满足随查随用随调要求扣 1 分；APP 不能查看装备台账、分布等信息扣 1 分；扣完为止。

依据《新一代应急指挥系统应用与管理评价细则（试行）》附件 1　SG-ECS 系统应用评价要求表　应急装备：

1. 应用系统规范管理省、市、县三级应急装备，动态更新应急装备台账，种类齐全、数据完整。

2. 常态开展装备数据检查工作，台账与实际对应。

3. 应急装备与实战、演练、训练工作紧密关联。

4. 应急装备定位、轨迹、任务关联等信息准确，满足随查随用随调要求。

5. 能够通过 APP 查看装备台账、分布等信息。

支撑材料：新一代应急指挥系统。

【典型问题分析】

典型问题：系统中应急装备信息与实际不一致；应急装备定位、轨迹、任务关联等信息不完整；APP 不能查看装备台账、分布等信息。

成因分析：应急相关管理制度不完善；公司未组织相关人员进行培训，相关人员对新一代应急指挥系统操作不熟练、不规范。

1.8.3.3　应急物资

【标准原文】

建设内容：

1. 应急物资仓库信息正确、完备，GIS 地图上定位准确；

2. 能够通过系统申请、调用有关物资，跟踪所申请物资状态、所调用物资轨迹；

3. 能够通过智慧应急 APP 查看物资台账、分布以及申请、调拨等任务进展等信息。

评估方法：查看新一代应急指挥系统。

评分标准：系统中应急物资信息与实际不一致，发现一处扣 0.5 分；GIS 地图上定位不准确扣 1 分；不能通过系统申请、调用有关物资，跟踪所申请物资状态、所调用物资轨迹扣 1 分；APP 不能查看物资台账、分布以及申请、调拨等任务进展等信息扣 1 分；扣完为止。

依据《新一代应急指挥系统应用与管理评价细则（试行）》附件 1 SG-ECS 系统应用评价要求表 应急物资：

1. 应用系统规范管理省、市、县三级应急物资，仓库信息正确、完备，GIS 地图上定位准确。

2. 能够随时查询所需物资种类、数量、存储位置。

3. 常态开展物资数据检查工作，台账与实际对应。

4. 能够通过系统申请、调用有关物资，跟踪所申请物资状态、所调用物资轨迹。

5. 能够通过 APP 查看物资台账、分布以及申请、调拨等任务进展等信息。

支撑材料：新一代应急指挥系统。

【典型问题分析】

典型问题：系统中应急物资信息与实际不一致；GIS 地图上定位不准确；不能通过系统申请、调用有关物资，跟踪所申请物资状态、所调用物资轨迹；APP 不能查看物资台账、分布以及申请、调拨等任务进展等信息。

成因分析：应急相关管理制度不完善；公司未组织相关人员进行培训，相关人员对新一代应急指挥系统操作不熟练、不规范。

1.8.3.4 应急车辆

【标准原文】

建设内容：

1. 发电车、融冰车、通信车等应急车辆种类、数量、位置准确，关联驾驶员信息；

2. 满足随时申请、调用要求，跟踪车辆定位、行驶轨迹及有关状态；

3. 能够通过智慧应急 APP 查看车辆台账、分类、分布、轨迹、状态以及任务进展等信息。

评估方法：查看新一代应急指挥系统。

评分标准：系统中应急车辆信息与实际不一致，发现一处扣 0.5 分；不能满足随时申请、调用要求，跟踪车辆定位、行驶轨迹及有关状态扣 1 分；APP 不能查看车辆台账、分类、分布、轨迹、状态以及任务进展等信息扣 1 分；扣完为止。

【释义】

依据《新一代应急指挥系统应用与管理评价细则（试行）》附件 1 SG-ECS 系统应用评价要求表 应急车辆：

1. 应用系统规范管理省、市、县三级应急车辆，发电车、融冰车、通信车等应急车辆种类、数量、位置准确，关联驾驶员信息。

2. 常态开展检查工作，车辆信息、状态、维保等工作与实际对应。

3. 能够对满足随时申请、调用要求，跟踪车辆定位、行驶轨迹及有关状态。

4. 能够通过 APP 查看车辆台账、分类、分布、轨迹、状态以及任务进展等信息。

支撑材料：新一代应急指挥系统。

【典型问题分析】

典型问题：系统中应急车辆信息与实际不一致；不能满足随时申请、调用要求，跟踪车辆定位、行驶轨迹及有关状态；APP 不能查看车辆台账、分类、分布、轨迹、状态以及任务进展等信息。

成因分析：应急相关管理制度不完善；公司未组织相关人员进行培训，相关人员对新一代应急指挥系统操作不熟练、不规范。

2 监 测 与 预 警

2.1 监测预警能力

2.1.1 基础信息数据库

【标准原文】

建设内容：

1. 应依托现有专业信息系统，完善应急指挥系统，实现突发事件信息的汇集、分析、传输与共享；

2. 利用现有生产、调度、营销等平台，明确信息报送渠道和程序；

3. 建立调度机构和管辖范围内的发电厂、变电站（含运行维护单位）应急指挥处置会商机制；

4. 建立与上级主管部门、政府、能源局及其派出机构等部门的信息联络。

评估方法：查阅有关信息管理系统、信息报送流程资料。

评分标准：未实现专业信息共享，扣 2 分；未明确信息报送渠道和程序，扣 3 分；调度机构与管辖范围内的厂站未建立指挥处置会商机制，每一个厂站扣 1 分；未建立与上级部门的信息联络扣 3 分；扣完为止。

【释义】

依据《国家电网有限公司应急工作管理规定》[国网（安监/2）483—2019]：

第三十条　预防预测和监控预警系统是指通过整合公司内部风险分析、隐患排查等管理手段，各种在线与离线电网、设备监测监控等技术手段，以及与政府相关专业部门建立信息沟通机制获得的自然灾害等突发事件预测预警信息，依托智能电网建设和信息技术发展成果，形成覆盖公司各专业的监测预警技术系统。

第三十七条　公司各单位均应与当地气象、水利、地震、地质、交通、消防、公安等政府专业部门建立信息沟通机制，共享信息，提高预警和处置的科学性，并与地方政府、社会机构、电力用户建立应急沟通与协调机制。

第四十七条　公司各单位应及时汇总分析突发事件风险，对发生突发事件的可能性及其可能造成的影响进行分析、评估，并不断完善突发事件监测网络功能，依托各级行政、生产、调度值班和应急管理组织机构，及时获取和快速报送相关信息。

支撑材料：应急指挥中心设备清单及巡视维护记录；防灾减灾系统；应急管理系统；应急通信录等。

【典型问题分析】

典型问题：未实现专业信息共享；未明确信息报送渠道和程序；调度机构与管辖范围内的厂站未建立指挥处置会商机制；未建立与上级部门的信息联络。

成因分析：公司基础数据库管理不规范，相关人员未进行培训或培训未达到标准要求。

2.1.2　监测监控网络

【标准原文】

建设内容：

1. 应建立分级负责的常态监测网络。按突发事件分类及危险源特点，各相关专业部门明确指定负责人对各类突发事件进行常态监测、监控；

2. 各专业部门应划分监测区域，明确监测项目；

3. 与上级主管部门、政府、能源局及其派出机构等部门，气象、交通、防汛、地震、消防、卫生等专业机构，建立常态联络机制；

4. 应建立电网运行分析制度，包括状态估计、潮流分析、危险点分析等，应对发现的问题提出整改意见或应对措施；

5. 事故处理后应及时进行分析评估，提出改进措施；

6. 应建立舆情监测系统，实时监测新闻媒体及网络信息；

7. 设置新闻发言人，制定新闻发言人工作规定。

评估方法：查看预案和应急工作相关制度文件。

评分标准：未建立分级负责监测网络不得分；各部门监测负责人或职责不明确每处扣 2 分；监测区域、监测项目不明确每处扣 2 分；常态联络机制缺少一项扣 1 分；未建立电网运行分析制度扣 3 分；事故处理后未及时分析评估或提出改进措施的扣 3

分；未建立舆情监测系统扣 2 分；未设置新闻发言人扣 5 分；未制定新闻发言人工作规定扣 3 分；扣完为止。

【释义】

依据《国家电网有限公司应急工作管理规定》[国网（安监/2）483—2019]：

第四十七条 公司各单位应及时汇总分析突发事件风险，对发生突发事件的可能性及其可能造成的影响进行分析、评估，并不断完善突发事件监测网络功能，依托各级行政、生产、调度值班和应急管理组织机构，及时获取和快速报送相关信息。

支撑材料：

分级负责监测网络及职责；舆情监测管理制度及相关预案；舆情监控系统；上级主管部门、政府、能源局及其派出机构等部门，气象、交通、防汛、地震、消防、卫生等专业机构的联络方式；新闻发言人工作规定；新闻发言人任命文件；电网运行分析制度；事故处理后进行分析评估的相关材料。

【典型问题分析】

典型问题：未建立分级负责监测网络；各部门监测负责人或职责不明确；监测区域、监测项目不明确；常态联络机制不完整；未建立电网运行分析制度；事故处理后未及时分析评估或提出改进措施；未建立舆情监测系统；未设置新闻发言人；未制定新闻发言人工作规定。

成因分析：公司监测监控网络管理不规范；相关人员未进行培训或培训未达到标准要求。

2.2 预警分类分级

2.2.1 预警分类

【标准原文】

建设内容：

1. 预警实行分类管理，对可能影响电网、设备、供电、人员安全的突发事件发布预警，包括：自然灾害类、事故灾难类、公共卫生类、社会安全类；

2. 安全应急办负责自然灾害、事故灾难类预警管理，稳定应急办负责公共卫生、社会安全类预警管理。

评估方法：查看应急预案和应急工作相关制度文件。

评分标准：预警未分类管理不得分；未按规定分类预警管理不得分。

2.2.2 预警分级

【标准原文】

建设内容：

1. 根据突发事件发生的紧急程度、发展态势和可能造成的危害程度，将预警分为一级、二级、三级和四级，依次用红色、橙色、黄色和蓝色标示，一级为最高级别；

2. 明确预警分级标准，分级应采用可量化指标，并明确各级别数量范围。

评估方法：查看应急预案和应急工作相关制度文件。

评分标准：预警未分级不得分；分级不符合要求不得分；预警分级标准未量化，发现一处扣 2 分；扣完为止。

【释义】

依据《国家电网有限公司预警工作规则》［国网（安监/3）1105—2022］：

第七条 公司预警实行分级管理，具体如下：

1. 根据突发事件发生的紧急程度、发展态势和可能造成的危害程度，将预警分为一级、二级、三级和四级，依次用红色、橙色、黄色和蓝色标示，一级为最高级别。

2. 在设置预警章节的专项应急预案中，应明确预警分级标准，分级应采用可量化指标，并明确各级别数量范围。

支撑材料：应急预案；应急工作相关制度文件。

【典型问题分析】

典型问题：公司未实行预警分级或分级不符合一级、二级、三级和四级要求；预警分级标准未按标准进行量化。

成因分析：公司未按上级、标准要求实行预警分级或分级管理不规范；预警分级标准未参照可量化指标进行，以此明确各级别数量范围。

2.2.3　预警分层

【标准原文】

建设内容：下级单位的预警工作情况要报上级对口专业部门。

评估方法：查看应急预案、应急工作相关制度文件。

评分标准：未向上级对口专业部门报预警情况，每次扣 2 分；扣完为止。

【释义】

依据《国家电网有限公司预警工作规则》［国网（安监/3）1105—2022］：

第八条 公司预警实行分层管理：

1. 总部负责根据中央气象台、应急管理部、自然资源部、水利部等国家部门或机构发布的预警开展预警工作。

2. 各单位负责根据属地政府气象、应急管理、自然资源、水利等专业部门发布的预警或预警信号开展预警工作。下级单位的预警工作情况要报上级对口专业部门。

支撑材料：应急预案；应急工作相关制度文件。

【典型问题分析】

典型问题：公司未向上级对口气象、应急管理、自然资源、水利等专业部门报送预警情况。

成因分析：公司总部未向中央气象台、应急管理部、自然资源部、水利部等机构汇报预警工作情况；各单位未向属地政府气象、应急管理、自然资源、水利等专业部门汇报预警工作情况。

2.3 预警发布

2.3.1 信息监测收集

【标准原文】

建设内容：

1. 开展预警信息监测预报，分析研判后，在 30min 内报送本单位应急指挥中心；

2. 由专项应急办对预警信息可能造成的影响进行研判。

评估方法：查看预警通知、应急值班记录、事件处置记录等。

评分标准：未开展预警信息监测预报不得分；未分析研判不得分；报送应急指挥中心不符合要求，每次扣 1 分；专项应急办未对预警信息可能造成的影响进行研判，每次扣 1 分；未将情况通报安全应急办，每次扣 1 分；扣完为止。

【释义】

依据《国家电网有限公司预警工作规则》[国网（安监/3）1105—2022]：

第九条 信息监测收集

公司各部门、机构、各单位开展预警信息监测预报，分析研判后，在 30min 内报送本单位应急指挥中心：

1. 公司应急办、各部门、机构跟踪监测专业管理范围内的自然灾害、设备运行、客户供电等信息，与政府部门、社会机构建立信息共享和沟通协作机制，获取有关气象、地质、洪涝、森林草原火情、突发环境事件等方面的预警信息。

2. 各单位相关部门充分利用应急指挥信息系统、调度自动化系统、设备在线监测系统、营销系统等各种技术手段，开展信息监测、辨识、分析，向本单位应急指挥中心、上级单位专业管理部门报告，由专项应急办组织对预警信息可能造成的影响进行研判。

3. 公司防灾减灾中心、覆冰、山火、雷电、舞动、台风和地质灾害监（预）测预警中心及中国电科院数值气象预报中心等应加强灾害监测，做好短期、中期、长期灾害预报，及时报送公司应急指挥中心和设备部、国调中心等专业部门。

4. 各单位应急指挥中心监测自然环境、电网状态、设备环境、用户供电、新闻舆情风险信息，收集、跟踪政府部门及公司相关部门、单位、机构的预警信息。

支撑材料：预警通知；应急值班记录；事件处置记录等。

【典型问题分析】

典型问题：未开展预警信息监测预报；未分析研判；报送应急指挥中心不符合要求；专项应急办未对预警信息可能造成的影响进行研判；未将情况通报安全应急办。

成因分析：公司预警发布管理不规范，相关人员未进行培训或培训不规范，未按上级、标准要求开展预警信息监测预报，或开展预警信息监测预报后未进行分析研判；开展分析研判后 30min 内未报送本单位应急指挥中心。

2.3.2 信息会商研判

【标准原文】

建设内容：由安全应急办会同事件牵头部门组织专项应急办成员部门对灾害预测预报信息开展预警会商，结合可能受影响的设备设施和用户清单，确定预警响应等级，制定具体的预警响应措施。

评估方法：查看预警通知、应急值班记录、事件处置记录等。

评分标准：未开展应急会商，每次扣 2 分；专项应急会商开展不符合要求，每次扣 2 分；制定预警响应措施不具体，每次扣 2 分；扣完为止。

2.3.3 发布预警通知

【标准原文】

建设内容：

1. 预警通知内容包括：事件概述、类型、级别、影响范围、发布时间、响应措施、主送单位；

2. 按要求对预警通知进行审批和发布；

3. 有可能发生大面积停电事件时，及时报告受影响区域地方政府，并提出预警信息发布建议，并视情通知重要电力用户。

评估方法：查看预警通知、应急值班记录、事件处置记录等。

评分标准：预警通知内容不完整，每发现一处扣 2 分；未按要求对预警通知进行审批和发布，每发现一次扣 2 分；未及时报告政府和通知重要电力用户的，每发现一次扣 2 分；扣完为止。

2.3.4　预警信息推送

【标准原文】

建设内容：预警通知审批发布后，通过应急指挥信息系统、移动 APP、协同办公系统、安监管理平台、短信等方式，推送至公司领导、相关专业部门管理人员、预警主送单位的公司领导、应急管理人员和应急指挥中心值班员。

评估方法：查看预警通知、应急值班记录、事件处置记录等。

评分标准：未进行预警通知推送，每发现一次扣 2 分；未推送至相关人员，每缺少一个扣 1 分；扣完为止。

第十四条 预警信息推送。预警通知（预警响应指令）审批发布后，通过应急指挥信息系统、移动 APP、协同办公系统、安监一体化平台、短信等方式，推送至公司领导、相关专业部门管理人员、预警主送单位的公司领导、应急管理人员和应急指挥中心值班员。

支撑材料：预警通知；应急值班记录；事件处置记录。

【典型问题分析】

典型问题：未进行预警通知推送；预警通知未推送至相关人员。

成因分析：公司预警发布管理不规范；相关人员未进行培训或培训不规范，存在未推送预警信息或者推送信息未推送给全部相关人员等情况。

2.4 预警响应

2.4.1 预警到岗到位

【标准原文】

建设内容：预警响应期间，应急指挥中心要加强值班值守，相关人员应根据预警响应等级到岗到位。

评估方法：查看预警通知、应急值班记录、事件处置记录等。

评分标准：预警响应期间，相关人员未按要求到岗到位，每次扣 2 分；扣完为止。

【释义】

依据《国家电网有限公司预警工作规则》[国网（安监/3）1105—2022]：

第十六条 预警到岗到位。预警响应期间，应急指挥中心要加强值班值守，相关人员应根据预警响应等级到岗到位：

1. 公司总部

（1）启动三级、四级预警响应时，应急指挥中心在正常值班基础上，增加 1 名值班员；安全应急办、相关事件专项应急办分别指定 1 名联络人保持通信畅通，必要时参加值守；

（2）启动二级预警响应时，在三级、四级值班人员基础上，相关事件专项应急办应安排 1 名负责人在岗带班，应急部、设备部、营销部、国调中心分别安排 1 名处长 1h 内到应急指挥中心参加值守；数字化部、物资部、后勤部、宣传部等相关部门指定 1 名联络人，保持通信畅通，并做好随时参加信息研判、会商、值守准备；

（3）启动一级预警响应时，在二级预警响应值班人员基础上，公司安全应急办、相关事件专项应急办主要负责人 1h 内到应急指挥中心值守；数字化部、物资部、后勤部、宣传部等相关部门安排 1 名处长或专责 1h 内到应急指挥中心参加值守。

2. 公司所属各级单位

（1）启动三级、四级预警响应时，应急指挥中心在正常值班基础上，增加 1 名值班员；安全应急办、相关事件专项应急办分别指定 1 名处长或专责保持通信畅通，必要时参加值守；

（2）启动二级预警响应时，在三级、四级值班人员基础上，安全应急办、相关事件专项应急办负责人 1h 内到应急指挥中心参加值守；安全应急办、相关事件专项应急办、设备部、营销部、调控中心 1 名处长或专责 1h 内到应急指挥中心参加值守；数字化部、物资部、后勤部、宣传部等相关部门指定 1 名处长或专责，保持通信畅通，并做好随时参加信息研判、会商、值守准备；

（3）启动一级预警响应时，在二级预警值班人员基础上，安全生产分管领导、相关事件分管领导 1h 内到应急指挥中心值守；设备部、营销部、数字化部、物资部、后勤部、宣传部、调控中心等相关部门指定 1 名部门负责人 1h 内到应急指挥中心参加值守。

支撑材料：预警通知；应急值班记录；事件处置记录。

【典型问题分析】

典型问题：预警响应期间相关人员未按要求到岗到位。

成因分析：公司预警响应管理不规范；相关人员未进行培训或培训不规范，存在人员未按要求到岗到位情况。

2.4.2 预警期间会商

【标准原文】

建设内容：

1. 启动一级、二级预警响应时，安全应急办向本单位分管领导汇报，组织相关部门、单位开展会商；

2. 分管领导提出工作要求，值班员做好记录，形成会商纪要并下发至责任部门、单位。

评估方法：查看预警通知、应急值班记录、事件处置记录等。

评分标准：预警期间未按要求组织应急会商，每次扣 2 分；未形成会商纪要，每次扣 2 分；会商纪要未下发，每次扣 2 分；扣完为止。

【释义】

依据《国家电网有限公司预警工作规则》[国网（安监/3）1105—2022]：

第十七条 预警期间会商。启动一级、二级预警响应时，各单位安全应急办向本单位分管领导汇报，组织相关部门、单位开展会商。分管领导提出工作要求，值班员做好记录，形成会商纪要并下发至责任部门、单位。

支撑材料：预警通知；应急值班记录；事件处置记录；应急会商纪要等。

【典型问题分析】

典型问题：预警期间未按要求组织应急会商；应急会商过程及内容未形成会商纪要；会商纪要未下发。

成因分析：公司预警响应管理不规范；相关人员未进行培训或培训不规范，启动一级、二级预警响应时，未开展会商；分管领导提出工作要求，值班员做好记录，形成会商纪要后未并下发至责任部门、单位。

2.4.3 响应措施执行

【标准原文】

建设内容：

1. 根据预警级别，组织相关部门和单位开展预警响应，落实各项预警响应措施；
2. 应及时向预警发布部门反馈措施执行情况，实现闭环管理。

评估方法：查看预警通知、应急值班记录、事件处置记录等。

评分标准：未严格落实各项预警响应措施，每发现一处扣 2 分；未向预警发布部门反馈措施执行情况，每次扣 2 分；扣完为止。

【释义】

依据《国家电网有限公司预警工作规则》[国网（安监/3）1105—2022]：

第十八条 响应措施执行。各单位应根据预警级别，组织相关部门和单位开展预警响应，重点做好各级管理人员到岗到位，组织预警响应，现场人员、队伍、装备、物资等"四要素"资源预置，做好后勤、通信和防疫保障，防范或减轻突发事件造成的损失。

支撑材料：预警通知；应急值班记录；事件处置记录等。

【典型问题分析】

典型问题：未严格落实各项预警响应措施；未向预警发布部门反馈措施执行情况。

成因分析：公司预警响应管理不规范；相关人员未进行培训或培训不规范，现场"四要素"资源预置不符合要求；结束后未向预警发布部门反馈措施执行情况。

2.4.4 响应措施检查

【标准原文】

建设内容：值班员跟踪检查本级预警响应措施落实情况，对预警响应应启未启、响应措施落实不到位的，通过应急指挥信息系统、电话等方式联系相关责任单位督促现场责任人落实。

评估方法：查看预警通知、应急值班记录、事件处置记录等。

评分标准：值班员未跟踪检查预警响应措施落实情况，每次扣 2 分；未督促责任人落实预警响应措施，每次扣 2 分；扣完为止。

【释义】

依据《国家电网有限公司预警工作规则》[国网（安监/3）1105—2022]：

第十九条 响应措施检查。各单位值班员跟踪检查本级预警响应措施落实情况，对预警响应应启未启、响应措施落实不到位的，通过应急指挥信息系统、电话等方式联系相关责任单位督促现场责任人落实。其中，总部、分部、省级单位开展督查抽查，市、县级单位负责全面检查。

支撑材料：预警通知；应急值班记录；事件处置记录等。

【典型问题分析】

典型问题：值班员未跟踪检查预警响应措施落实情况；未督促责任人落实预警响应措施。

成因分析：公司预警响应管理不规范；相关人员未进行培训或培训不规范，各单位值班员未跟踪检查本级预警响应措施落实情况，且未通过应急指挥信息系统、电话等方式联系相关责任单位督促现场责任人落实。

2.4.5 预警信息报送

【标准原文】

建设内容：值班员按要求每日定时利用应急指挥信息系统收集汇总预警响应信息，向本单位安全应急办提交书面报告。

评估方法：查看预警通知、应急值班记录、事件处置记录等。

评分标准：值班员未向本单位安全应急办提交书面报告，每次扣 2 分；扣完为止。

【释义】

依据《国家电网有限公司预警工作规则》[国网（安监/3）1105—2022]：

第二十条 信息报送。各单位值班员每日 7 时、11 时、15 时、19 时，利用应急指挥信息系统收集汇总预警响应信息，向本单位安全应急办提交书面报告。

支撑材料：预警通知；应急值班记录；事件处置记录。

【典型问题分析】

典型问题：值班员未向本单位安全应急办提交书面报告。

成因分析：公司预警响应管理不规范；相关人员未进行培训或培训不规范，各单位值班员未每日 7 时、11 时、15 时、19 时向本单位安全应急办提交书面报告。

2.5 预警调整与解除

2.5.1 预警调整

【标准原文】

建设内容：预警实行动态管理，实时收集预警信息，开展分析研判、审批，更新预警类别、级别、影响范围，并发布相应级别的预警响应指令。

评估方法：查看预警通知、应急值班记录、事件处置记录等。

评分标准：预警调整未开展分析研判，每次扣 2 分；未审批，每次扣 2 分；扣完为止。

依据《国家电网有限公司预警工作规则》［国网（安监/3）1105—2022］：

第二十一条 预警调整，各单位预警实行动态管理，实时收集预警信息，开展分析研判、审批，更新预警类别、级别、影响范围，并发布相应级别的预警响应指令。

支撑材料：预警通知；应急值班记录；事件处置记录。

【典型问题分析】

典型问题：预警调整未开展分析研判；预警调整未审批。

成因分析：公司预警调整与解除管理不规范；相关人员未进行培训或培训不规范，各单位预警未开展分析研判、审批流程。

2.5.2 预警解除

【标准原文】

建设内容：

1. 有关情况证明突发事件不可能发生或危险已经解除，按照"谁审批、谁解除"原则，解除预警响应；

2. 规定的预警期限内未发生突发事件，预警自动解除。

评估方法：查看预警通知、应急值班记录、事件处置记录等。

评分标准：预警解除程序不符合要求，每次扣 2 分；扣完为止。

【释义】

依据《国家电网有限公司预警工作规则》［国网（安监/3）1105—2022］：

第二十二条 预警解除

1. 有关情况证明突发事件不可能发生或危险已经解除，按照"谁审批、谁解除"原则，解除预警响应，通过应急指挥信息系统、移动 APP、短信发布至相应人员。

2. 规定的预警期限内未发生突发事件，预警自动解除。

3. 针对同一类型灾害，如根据事态发展转入应急响应状态，本单位原有的预警响应自动解除。

4. 针对同一类型灾害，总部、省公司、地市公司如转入应急响应状态，所属单位中，涉及的单位需相应启动本单位应急响应，原预警响应自动解除；其余单位仍维持原预警响应或正常工作状态。

支撑材料：预警通知；应急值班记录；事件处置记录。

【典型问题分析】

典型问题：预警解除程序不符合要求。

成因分析：公司预警调整与解除管理不规范；相关人员未进行培训或培训不规范，各单位预警解除未根据四种具体情况选择对应解除流程。

2.6 新一代应急指挥系统预警响应应用

【释义】

新一代应急指挥系统不是一个单一的业务系统，而是一个基于中台架构、横向融合内外部各专业系统、纵向穿透各层级的企业级综合应急指挥平台，涉及多中台、多专业、多系统、多层级。纵向上，ECS 系统采用国网总部、省公司两级部署，总部、分部、省、市、县公司五级应用的模式，同步配套开发了智慧应急 APP，解决应急现场与公司各级指挥部间的信息实时传递和数据共享问题，实现了应急工作的分层分级一体化管理。横向上，ECS 系统集成电网资源业务中台、数据中台、总部统一车辆平台、供应链运营中心、电网 GIS 平台、统一视频平台等 25 套信息系统，获取电网信息、设备状态、现场视频、应急车辆、应急物资、气象预警、地质水文、新闻舆情等八大类总计 166 项内外部数据，支撑 24h 常态值班、预警响应、应急响应和重大活动保电等多个应用场景。

2.6.1 预警发布

【标准原文】

建设内容：

1. 应用系统进行自然灾害、电网状态监测，接收上级单位预警通知，跟踪外部气象、水文等部门预警；

2. 在系统中规范发布本单位的预警通知，与上级预警准确关联，做到应发尽发。

评估方法：查看新一代应急指挥系统。

评分标准：未应用系统接收上级单位和外部预警通知，每次扣 2 分；未应用系统发布预警通知，每次扣 2 分；扣完为止。

【释义】

重点考察新一代应急指挥系统在预警发布方面应用情况，应能及时应用系统对自然灾害、电网状态进行监测，接收上级单位预警通知，跟踪外部气象、水文等部门预警，在系统中规范发布本单位的预警通知，与上级预警准确关联，做到应发尽发，保障线下预警发布与系统发布的对应性、准确性、统一性。

支撑材料：单位历年预警通知单；上级单位预警通知单；新一代应急指挥系统。

【典型问题分析】

典型问题：未及时应用系统接收上级单位和外部预警通知，线下预警发布与系统上预警发布数量不对应。

成因分析：新一代应急指挥系统应用重视程度不足，应用频次少，应用不熟练；未能及时接受上级单位和外部预警通知，应用系统发布预警程序不熟。

2.6.2 预警响应行动执行

【标准原文】

建设内容：

1. 在系统中发布预警响应任务，通知到有关人员；

2. 督促落实预警响应任务，跟踪有关专业措施落实情况，跟踪应急队伍、车辆、装备、物资的位置、运行轨迹；

3. 开展连线检查，轮巡有关视频画面，核实现场开展的预警响应措施。

评估方法：查看新一代应急指挥系统。

评分标准：未将预警响应任务通知到有关人员，每次扣 2 分；未督促落实预警响应任务，每次扣 2 分；扣完为止。

【释义】

重点考察新一代应急指挥系统在预警响应行动执行方面应用情况，在系统中发布预警响应任务，通知到有关人员；督促落实预警响应任务，跟踪有关专业措施落实情况，跟踪应急队伍、车辆、装备、物资的位置、运行轨迹；开展连线检查，轮巡有关视频画面，核实现场开展的预警响应措施。保障线下与线上预警响应行动对应性、准确性、统一性。

支撑材料：预警响应行动执行相关资料；新一代应急指挥系统。

【典型问题分析】

典型问题：未将预警响应任务通知到全部有关人员，未督促落实预警响应任务，跟踪应急队伍、车辆、装备、物资的位置、运行轨迹不准确。

成因分析：新一代应急指挥系统中数据应用维护不到位，人员信息更新不及时，安监部未执行督促落实预警响应任务工作；应急队伍、车辆、装备、物资的位置在系统内数据更新不及时。

2.6.3 现场情况反馈

【标准原文】

建设内容：现场人员能够定期通过智慧应急 APP 反馈现场应急资源"四要素（应急队伍、车辆、装备、物资）"预置、设备设施特巡特护、值班值守等预警响应措施信息，完成预警响应任务。

评估方法：查看新一代应急指挥系统。

评分标准：APP 不能反馈现场预警响应措施信息不得分；现场预警响应措施信息反馈不完整，每缺少一处扣 2 分；扣完为止。

【释义】

重点考察新一代应急指挥系统现场情况反馈方面准确性，现场人员能够定期通过智慧应急 APP 反馈现场应急资源"四要素"预置、设备设施特巡特护、值班值守等预警响应措施信息，完成预警响应任务。保障线下与线上"四要素"对应性、准确性、统一性。

支撑材料：查阅预警响应行动执行相关资料，查看新一代应急指挥系统。

【典型问题分析】

典型问题：APP 不能反馈现场预警响应措施信息；现场预警响应措施信息反馈不完整。

成因分析：新一代应急指挥系统中数据应用维护不到位，在系统中应急队伍、车辆、装备、物资台账、位置、数量更新不及时，不能准确跟踪应急队伍、车辆、装备、物资的位置、运行轨迹。

3 应急处置与救援

本部分主要评估被评估单位的应急处置与救援情况，涉及标准分 300 分。本部分又分为先期处置、应急指挥、应急救援、信息报告与发布、响应调整与结束、新一代应急指挥系统应急响应应用六个建设项目，分别涉及标准分 20 分、70 分、90 分、60 分、10 分和 50 分。

3.1　先期处置

【标准原文】

建设内容：

1. 突发事件发生时，应立即按照应急预案或相关规定进行先期处置；

2. 现场人员应第一时间采取必要措施，控制事态发展，防止事故扩大，重点做好人员的自救和互救工作；

3. 现场人员在发现直接危及人身安全的紧急情况时应停止作业，采取必要的或可能的应急措施后撤离危险区域。

评估方法：查阅相关管理规定、处置记录、应急处置评估报告。

评分标准：企业查评期 3 年内未进行正确的先期处置导致人身伤亡或事故扩大，不得分；在相关制度预案内未明确从业人员在发现直接危及人身安全的紧急情况时应停止作业或采取必要的或可能的应急措施后撤离危险区域的权利，扣 10 分；扣完为止。

【释义】

本条是关于突发事件发生时的先期处置的规定。

《国务院安委会关于进一步加强生产安全事故应急处置工作的通知》（安委〔2013〕8 号）规定，要明确并落实生产现场带班人员、班组长和调度人员直接处置权和指挥权，在遇到险情或事故征兆时立即下达停产撤人命令，组织现场人员及时、有序撤离到安全地点，减少人员伤亡。

《生产安全事故应急条例》（国务院令第 708 号）第十七条、《电网企业应急能力建设评估规范》（DL/T 1920—2018）3.1、《国家电网有限公司应急工作管理规定》[国网（安监/2）483—2019] 第五十六条及《国家电网有限公司突发事件总体（综合）应急预案》（2023 年修订）要求，发生突发事件，事发单位首先要做好先期处置，立即启动生产安全事故应急救援预案，采取下列一项或者多项应急救援措施，并根据相关规定，及时向上级和所在地人民政府及有关部门报告。

（1）迅速控制危险源，组织营救受伤被困人员，采取必要措施防止危害扩大。

（2）调整电网运行方式，合理进行电网恢复送电。遇有电网瓦解极端情况时，应立即按照电网黑启动方案进行电网恢复工作。

（3）根据事故危害程度，组织现场人员撤离或者采取可能的应急措施后撤离。

（4）及时通知可能受到影响的单位和人员。

（5）采取必要措施，防止事故危害扩大和次生、衍生灾害发生。

（6）根据需要请求应急救援协调联动单位参加抢险救援，并向参加抢险救援的应急队伍提供相关技术资料、信息、现场处置方案和处置方法。

（7）维护事故现场秩序，保护事故现场和相关证据；对因本单位问题引发的、或主体是本单位人员的社会安全事件，要迅速派出负责人赶赴现场开展劝解、疏导工作。

（8）法律法规、国家有关制度标准、公司相关预案及规章制度规定的其他应急救援措施。

应急预案先期处置部分应包含：阻断或隔离事故源、危险源的措施；人员自救和互救工作要求；对周边单位和群众发出警报信息方式、内容、责任人等内容；作业人员在发现直接危及人身安全的紧急情况时应停止作业，采取必要的或可能的应急措施后撤离危险区域的要求；保护现场的工作要求等。

支撑资料：公司应急预案、管理制度等相关管理规定；一个评估周期突发事件应急处置记录；一个评估周期突发事件应急处置评估报告等。

【典型问题分析】

典型问题：评估期 3 年内未进行正确的先期处置导致人身伤亡或事故扩大；在相关制度预案内未明确从业人员在发现直接危及人身安全的紧急情况时应停止作业或采取必要的或可能的应急措施后撤离危险区域的权利。

成因分析：对公司员工开展的关于应急预案、应急处置等应急知识和技能培训不足，员工对突发事件时应采取的先期处置措施掌握不足，导致发生人员伤亡或事故扩大的情况发生。

3.2 应急指挥

【释义】

本部分主要评估被评估单位发生突发事件时的应急指挥情况，涉及标准分 70 分。本部分又分为响应启动、响应行动、资源调动三个建设项目，分别涉及标准分 20 分、30 分和 20 分。

3.2.1 响应启动

【标准原文】

建设内容：

1. 按预案规定确定响应级别，启动相应级别的应急响应，并组织实施应急处置；

2. 按预案规定将应急响应启动有关情况报告上级和地方政府有关部门，接受应急领导，必要情况下请求应急救援。

评估方法：查阅相关管理规定、应急预案、处置记录、应急处置评估报告。

评分标准：相关制度、应急预案或事件处置过程中响应启动流程不正确不得分；事件处置过程中启动预案不正确，每次扣 5 分；事件处置过程响应级别不正确，每次扣 5 分；未按规定报告上级或地方政府，每次扣 5 分；扣完为止。

【释义】

本条是关于突发事件发生时的响应启动的规定。

电网企业应针对本单位可能发生的突发事件危害程度、影响范围、本单位控制事态和应急处置能力，确定本单位突发事件应急响应分级标准。响应分级应注意上下级单位、本单位与当地政府之间的协调、衔接。响应分级不必照搬事件分级。应急响应可划分Ⅰ、Ⅱ、Ⅲ级，一般不超过Ⅳ级。

事发单位在获知电力突发事件后，第一时间启动应急响应，在 30min 内，事发单位应急办通过电话、传真、邮件、短信等形式向上级单位安全应急办、相关专业部门即时报告信息并向政府有关部门报送事件快报。

依据《生产经营单位生产安全事故应急预案编制导则》（GB/T 29639—2020）：

6.3.3 总体应急预案响应启动

确定响应级别，明确响应启动后的程序性工作，包括应急会议召开、信息上报、资源协调、信息公开、后勤及财力保障工作。

7.3 专项应急预案响应启动

明确响应启动后的程序性工作，包括应急会议召开、信息上报、资源协调、信息公开、后勤及财力保障工作。

依据《电网企业应急预案编制导则》（DL/T 2518—2022）：

6.3.3 总体应急预案响应启动

6.3.3.1 应急响应启动条件

启动应急响应的条件一般宜包括：

a）发生突发事件；

b）下级突发事件扩大，升级为本级响应的突发事件；

c）接到地方政府或上级部门应急联动要求。

6.3.10.3.2 响应程序

响应程序内容一般宜包括：

a）根据突发事故级别和发展态势，描述应急指挥决策机构启动、应急资源调配、应急救援、扩大应急程序；

b）一般分为接警、警情判断、确定响应级别、启动响应、救援行动、事态控制、应急恢复、应急结束等步骤，应急响应程序宜以流程图的形式进行表述；

c）突发事件有专项应急预案的按专项应急预案要求实施应急处置；

d）突发事件在本单位无法控制时，明确向上级或政府部门应急机构请求扩大应急响应的程序和要求。

7.4 专项应急预案响应启动

7.4.1 响应分级

应依据综合应急预案明确的应急响应分级原则，结合本单位控制事态和应急处置能力，明确响应分级标准、应急响应责任主体及联动单位和部门。

7.4.2 响应程序 针对不同级别的响应，应分别明确下列内容，并附以流程图：

a）响应启动：批准、宣布响应启动的责任者、方式、流程等。

b）响应行动：包括召开应急会议、派出前线指挥人员、组建应急处置工作小组、资源协调等。可结合突发事件实际情况，不同类型、不同层级的单位可依据应急组织机构及职责的有关要求，成立满足应急实际需求的应急处置工作小组，不必完全对应上级单位或者应急预案中列明的所有应急处置工作小组，对于某些已成既定事实、不具有持续性且不会产生次生衍生的突发事件，可简化应急处置工作小组的构成。

c）上下级联动：根据突发事件发展变化情况，上级单位向下级单位派出现场工作组，开展技术指导、联络协调等工作。当事态无法控制情况下，向外部救援力量请求支援的程序及要求。

d）信息上报：明确向上级单位、政府有关部门及能源监管机构进行应急工作信息报告的格式、内容、时限和责任部门等。

e）信息公开：明确对外发布突发事件信息的责任部门及责任岗位、方式、流程等。

f）后勤及财力保障工作，明确应急响应期间的后勤及财力保障责任部门和责任岗位。

依据《电网企业应急能力建设评估规范》（DL/T 1920—2018）：

3.2.1 启动应急响应

1. 经应急领导小组批准确定响应级别，迅速按照相关预案要求启动相应级别的应急响应并组织实施应急处置；

2. 将启动应急响应有关情况报告上级或地方政府有关部门。

依据《国家电网有限公司电力突发事件应急响应工作规则》[国网（安监/3）1106—2022]：

第十条 事发单位在获知本规则第七条所述电力突发事件后第一时间启动应急响应，在 30min 内，事发单位应急办通过电话、传真、邮件、短信等形式向公司安全应急办、相关专业部门及分部即时报告信息。内容包括事发时间、地点、涉及单位、基本经过、影响范围以及先期处置情况等概要信息。即时报告后 2h 内书面上报信息。

第十一条 公司安全应急办接到事发单位信息报告后，立即核实事件性质、影响范围与损失等情况，向公司分管领导报告，提出应急响应类型和级别建议，经批准后，通知指挥长（牵头部门主要负责人）、相关部门、事发单位、相关分部组织开展应急处置工作，并组织启动应急指挥中心及相关信息支撑系统。

支撑资料：公司应急预案、管理制度等相关管理规定；一个评估周期突发事件应急处置记录；一个评估周期突发事件应急处置评估报告等。

【典型问题分析】

典型问题：相关制度、应急预案或事件处置过程中响应启动流程不正确；事件处置过程中启动预案不正确；事件处置过程响应级别不正确；未按规定报告上级或地方政府等。

成因分析：受公司对应急管理重视程度及管理制度、应急预案编制人员的业务水平影响，在管理制度制定和应急预案编制过程中，未及时掌握国家、行业、上级单位等的法律法规、标准规范、有关规定等要求，制定的管理制度和应急预案存在响应流程错误等错误内容；对公司员工开展的关于管理制度、应急预案、应急处置等应急知识和技能培训不足，导致员工未掌握突发事件处置过程中启动预案、响应级别、响应流程、报告程序等。

3.2.2　响应行动

【标准原文】

建设内容：

1. 按要求成立应急指挥部，有关人员到岗到位，并迅速启用应急指挥中心；

2. 根据要求和事态发展组织进行应急会商；

3. 成立现场应急指挥机构，相关负责人要立即赶赴现场，组织开展应急处置。

评估方法：查阅相关管理规定、应急预案、处置记录、应急处置评估报告。

评分标准：应急处置过程中未按预案要求成立应急指挥部，每次扣 5 分；未启用应急指挥中心，每次扣 5 分；未按要求开展应急会商扣 5 分；未成立现场应急指挥部，未部署相关人员开展应急处置，发现一处扣 5 分；扣完为止。

【释义】

本条是关于突发事件发生时的响应行动的规定。

公司应急办接到事发单位突发事件信息报告后，应立即向公司分管领导报告，经批准后，成立应急指挥部，并通知指挥长（牵头部门主要负责人）、专项应急办、相关部门、事发单位、相关分部到岗到位，并组织启动应急指挥中心及相关信息支撑系统。

事发现场要第一时间成立由事故发生单位负责人、相关单位负责人及上级单位相关人员、应急专家、应急队伍负责人等人员组成的应急救援现场指挥部，并指定现场指挥部总指挥，利用 4G/5G 移动视频、应急通信车、各类卫星设备等手段实现与事发单位、公司应急指挥中心的音视频互联互通，具备应急会商条件。

应急指挥中心启动后 2h 内，指挥长负责组织公司与事发单位、事发现场（若具备条件）、相关分部召开首次视频会商，事发现场重点汇报事件详细情况、应急处置进展、次生衍生事件、抢修恢复、客户供电、舆情引导、社会联动、需要协调的问题等；事发单位重点汇报区域电网运行、恢复情况等；公司工作组成员部门按照职责分工重点汇报工作开展情况及下一步安排。指挥长要视情况组织开展后续视频会商，原则上每天 16 时开展一次视频会商，直至响应终止。

相关规定要求：

依据《电网企业应急能力建设评估规范》（DL/T 1920—2018）表 A.1：

3.2.2　应急响应行动

1. 按有关预案要求迅速启用应急指挥中心；

2. 根据事态发展组织开展应急会商；

3. 组织开展应急值班，按要求开展信息报告；

4. 组织部署相关专业人员开展应急处置。根据政府指挥部要求，做好相关处置工作。

依据《国家电网有限公司应急工作管理规定》[国网（安监/2）483—2019]：

第五十八条　发生重大及以上突发事件，专项事件应急处置领导小组协调指导事发单位开展事件处置工作；较大及以下突发事件，由事发单位负责处置，总部专项事件应急处置领导小组办公室跟踪事态发展，做好相关协调工作。专项事件应急处置领导小组要将突发事件处置情况汇报应急领导小组。如发生复杂次生衍生事件，公司应急领导小组可根据突发事件处置需要直接决策，或授权专项事件应急处置领导小组处置指挥。事件发生后，有关单位认为有必要的，可设立由事故发生单位负责人、相关单位负责人及上级单位相关人员、应急专家、应急队伍负责人等人员组成的应急救援现场指挥部，并指定现场指挥部总指挥。现场指挥部实行总指挥负责制，按照授权制定并实施现场应急救援方案，指挥、协调现场有关单位和个人开展应急救援；参加应急救援的单位和个人应当服从现场指挥部的统一指挥。现场指挥部应完整、准确地记录应急救援的重要事项，妥善保存相关原始资料和证据。

依据《国家电网有限公司电力突发事件应急响应工作规则》[国网（安监/3）1106—2022]：

第十七条　应急指挥中心启动要求

1. 事发单位要在 30min 内实现与公司总部应急指挥中心互联互通，并提供相关电网主接线图、地理接线图、潮流图，受损设备设施基础台账、事件简要情况、现场音视频等资料。

2. 相关分部要在 30min 内实现与公司总部应急指挥中心互联互通，并提供相关电网主接线图、地理接线图、潮流图、事故简要情况等资料。

3. 事发现场要第一时间成立现场指挥部，利用 4G/5G 移动视频、应急通信车、各类卫星设备等手段实现与事发单位、公司总部应急指挥中心的音视频互联互通，具备应急会商条件。

4. 国网信通公司要组织南瑞信通、智研院数字化所等技术支撑单位在 30min 内启动总部应急指挥中心，与事发单位建立视频连接，具备条件时第一时间与事发现场建立音视频互联互通，做好视频会议保障、相关视频信息保存以及应急指挥信息系统保障等技术支持。

第十八条　人员到岗到位要求

1. 通知副指挥长、指挥部成员及工作组成员到应急指挥中心参与处置工作。

2. 通知事发单位、相关分部人员在本单位应急指挥中心到岗到位。

3. 相关人员应在收到通知后，工作时间 30min 内、非工作时间 60min 内到达应急指挥中心；出差、休假等不能参加的，由临时代理其工作的人员参加。

第二十一条　视频应急会商工作要求

1. 应急指挥中心启动后 2h 内，总部与事发单位、事发现场（若具备条件）、相关分部召开首次视频会商，了解掌握现场情况，指挥协调处置工作。指挥长负责组织视频会商，拟定议程、会商领导讲话要点，以及会商会汇报材料。

2. 视频会商由副总指挥主持，如其出差则由协助其工作的总经理助理、或总工程师、或副总师主持。

3. 根据事态发展和应急处置情况，指挥长要视情况组织开展后续视频会商，原则上每天 16 时开展一次视频会商，直至响应结束。

4. 视频会商时，事发现场、事发单位重点汇报事件详细情况、应急处置进展、次生衍生事件、抢修恢复、客户供电、舆情引导、社会联动，以及需要协调的问题等；

事发所在分部重点汇报区域电网运行、恢复情况等；总部工作组成员部门按照职责分工重点汇报工作开展情况及下一步安排。

依据《国家电网有限公司突发事件总体（综合）应急预案》（2023年修订）：

4.2 响应启动

公司应急办接到事发单位信息报告后，立即核实事件性质、影响范围与损失等情况，研判突发事件可能造成重特大损失或影响时，立即向公司分管领导报告，提出应急响应类型和级别建议，经批准后，成立应急指挥部，并通知指挥长（牵头部门主要负责人）、专项应急办、相关部门、事发单位、相关分部到岗到位，并组织启动应急指挥中心及相关信息支撑系统。专项应急办组织开展应急处置工作，并向国家能源局、国资委、应急管理部等部门报送事件快报。

4.2.1 到岗到位

接到突发事件应急响应通知后，指挥长、指挥部成员、工作组成员、事发单位及涉及单位有关人员应在工作时间 30min 内、非工作时间 60min 内到达应急指挥中心值守。出差、休假等不能参加的，由临时代理其工作的人员参加。

4.2.2 指挥中心启动

（1）国网信通公司组织南瑞信通、国网智研院数字化所（国网应急技术中心）等技术支撑单位在 30min 内启动总部应急指挥中心，事发单位及相关分部在 30min 内实现与公司总部应急指挥中心互联互通，并提供事件简要情况、相关电网主接线图等资料；

（2）事发现场要第一时间成立现场指挥部，利用 4G/5G 移动视频、应急通信车、各类卫星设备等手段实现与事发单位、公司总部应急指挥中心的音视频互联互通，具备应急会商条件。

4.2.3 视频会商

应急指挥中心启动后 2h 内，指挥长负责组织总部与事发单位、事发现场（若具备条件）、相关分部召开首次视频会商，由副总指挥主持，事发现场、事发单位重点汇报事件详细情况、应急处置进展、次生衍生事件、抢修恢复、客户供电、舆情引导、社会联动、需要协调的问题等；事发所在分部重点汇报区域电网运行、恢复情况等；总部工作组成员部门按照职责分工重点汇报工作开展情况及下一步安排。指挥长要视情况组织开展后续视频会商，原则上每天 16 时开展一次视频会商，直至响应终止。

4.2.4　值班值守

指挥长负责组织相关工作组在应急指挥中心开展 24h 联合应急值班，做好事件信息收集、汇总、报送等工作。国网办公室（总值班室）、国网宣传部以及国调中心在本部门开展专业值班，并及时向应急指挥中心提供相关信息。事发单位、相关分部在本单位应急指挥中心开展应急值班，及时收集、汇总事件信息并报送公司总部。

支撑资料：公司应急预案、管理制度等相关管理规定；一个评估周期突发事件应急处置记录；一个评估周期突发事件应急处置评估报告。

【典型问题分析】

典型问题：应急处置过程中未按预案要求成立应急指挥部；未及时启用应急指挥中心；未按要求开展应急会商；未成立现场应急指挥部；未部署相关人员开展应急处置。

成因分析：对公司管理人员和一线员工开展的关于管理制度、应急预案、应急处置等应急知识和技能培训不足，导致突发事件处置采取的应急响应行动错误或行动不符合国家、行业、上级单位等的法律法规、标准规范、有关规定要求。

3.2.3　资源调动

【标准原文】

建设内容：

1. 组织应急救援基干队伍和应急队伍奔赴事故现场；

2. 应急物资、装备应及时供应，协调运输经营单位，优先运送处置突发事件所需物资、设备，必要时跨区调用或请求政府部门提供人力、物力、财力或及时支援；

3. 后勤保障工作到位。

评估方法：查阅相关管理规定、应急预案、处置记录、应急处置评估报告。

评分标准：应急队伍集结不及时，每次扣 3 分；救援物资供应不及时，每次扣 3 分；后勤保障不能及时跟进，每次扣 3 分；保障措施不完善，每次扣 3 分；扣完为止。

【释义】

本条是关于突发事件发生时的资源调动的规定。

应急队伍接到应急处置命令，即应立即启动应急预案，并在 2h 内做好应急准备。原则上，应急队伍从接到应急处置命令开始至首批人员到达应急处置现场的时间应不超过：200km 以内，4h；200～500km，12h；500～1000km，24h。

应急指挥部根据事故事件处置需要，统筹协调应急处置所需的人员、应急装备、物资、车辆、所需资金等应急资源，各级指挥部分层分级调配。事发单位不能消除或有效控制突发事件引起的严重危害，应在采取处置措施的同时，启动应急救援协调联动机制，及时报告上级单位协调支援，根据需要，请求国家和地方政府启动社会应急机制，组织开展应急救援与处置工作。

相关规定要求：

依据《生产经营单位生产安全事故应急预案编制导则》（GB/T 29639—2020）：

6.5.2　应急队伍保障

应明确应急响应的人力资源，包括应急专家、专业应急队伍，兼职应急队伍等。

6.5.3　物资装备保障

应明确单位内应急装备和物资的类型、数量、性能、存放位置、运输及使用条件、管理责任人及其联系方式等内容。

6.5.4　其他保障

其他应急保障措施一般宜包括：能源保障、经费保障、交通运输保障、治安保障、技术保障、医疗保障及后勤保障等保障措施。

7.5　应急保障

专项应急预案根据应急工作需求明确保障的内容。

依据《电网企业应急能力建设评估规范》（DL/T 1920—2018）表 A.1：

3.2.3　资源调动

1. 应急指挥人员应及时到岗到位；

2. 迅速调派应急队伍奔赴事故现场；

3. 应急救援物资应及时供应；

4. 后勤保障系统工作到位；

5. 必要时跨区调用应急队伍、应急物资及时支援。

依据《国家电网公司应急队伍管理规定（试行）》（国家电网生〔2008〕1245 号）：

第三十条　应急队伍接到应急处置命令，即应立即启动应急预案，并在 2h 内做好应急准备。应急准备包括：应急队伍成员结集待命、保持通信畅通、检查器材装备和后勤保障物资、做好应急处置前的一切准备工作。

第三十一条　原则上，应急队伍从接到应急处置命令开始至首批人员到达应急处置现场的时间应不超过：200km 以内，4h；200～500km，12h；500～1000km，24h。

第三十二条　应急队伍执行应急处置任务期间，按公司应急管理有关规定接受受援单位应急指挥机构领导和监督管理。

支撑资料：公司应急预案、管理制度等相关管理规定；一个评估周期突发事件应急处置记录；一个评估周期突发事件应急处置评估报告等。

【典型问题分析】

典型问题：应急处置过程中应急队伍集结不及时；救援物资不能及时供应；后勤保障跟进不及时；后勤保障措施不完善等。

成因分析：受公司领导层人员素质和领导能力影响及对公司领导层、管理人员和一线员工开展的关于管理制度、应急预案、应急处置等应急知识和技能培训不足，可能导致应急处置过程应急队伍集结、救援物资供应、后勤保障跟进不及时。

3.3　应急救援

【释义】

本部分主要评估被评估单位发生突发事件时的应急救援情况，涉及标准分 90 分。本部分又分为现场救援、现场处置、损失统计三个建设项目，分别涉及标准分 30 分、40 分和 20 分。

3.3.1　现场救援

【标准原文】

建设内容：

1. 应急队伍在接到突发事件处置指令后携带必需的应急装备、工器具迅速抵达现场，勘查现场情况，及时反馈信息；

2. 应立即组织现场人员开展自救互救，疏散、撤离与人员安置等；

3. 配置相应的设备设施，现场指挥部应建立与后方指挥部的通信联系，现场音视频信息应能够回传至应急指挥中心；

4. 保障现场应急照明、应急供电系统可靠运行。

评估方法：查阅相关制度、应急预案、现场处置方案、处置记录、应急处置评估报告。

评分标准：应急预案、现场处置方案无装备配置或配置不足扣 5 分；检查应急指挥中心无现场视频信息回传功能或功能不正常扣 5 分；应急救援过程中应急救援队伍未在规定时间抵达现场，每次扣 3 分；救援中抵达现场装备配置不符合现场要求，每次扣 3 分；应急救援不能有序开展，每次扣 3 分；信息反馈不及时、不准确每处扣 3 分；现场应急指挥部与后方通信联系不顺畅，每次扣 3 分；现场应急照明和应急供电系统不能保障，每次扣 3 分；扣完为止。

【释义】

本条是关于突发事件发生时的资源调动的规定。

应急队伍接到应急处置命令，即应立即启动应急预案，并在 2h 内做好应急准备。应急准备包括：应急队伍成员结集待命、保持通信畅通、检查器材装备和后勤保障物资、做好应急处置前的一切准备工作。突发事件发生后，事发单位应迅速控制危险源，组织抢救遇险人员；根据事故危害程度，组织现场人员撤离或者采取可能的应急措施后撤离；及时通知可能受到事故影响的单位和人员；采取必要措施，防止事故危害扩大和次生、衍生灾害发生。

突发事件发生后，事发现场要第一时间成立现场指挥部，利用 4G/5G 移动视频、应急通信车、各类卫星设备等手段实现与事发单位、公司总部应急指挥中心的音视频互联互通，具备应急会商条件。事发单位和事发现场要采取措施保障现场应急照明、应急供电系统可靠运行。

依据《电网企业应急能力建设评估规范》（DL/T 1920—2018）表 A.1：

3.3.1 现场救援

1. 应急救援队伍携带必需的应急装备、工器具迅速抵达现场，勘查现场情况，及时反馈信息；

2. 立即组织开展现场人员自救互救、疏散、撤离、人员安置等应急救援工作；

3. 配置相应的设备设施，迅速搭建现场指挥部，建立与后方指挥部的通信联系；

4. 保障现场应急照明、应急供电系统可靠运行。

依据《国家电网有限公司应急工作管理规定》[国网（安监/2）483—2019]：

第五十六条 发生突发事件，事发单位首先要做好先期处置，立即启动生产安全事故应急救援预案，采取下列一项或者多项应急救援措施，并根据相关规定，及时向上级和所在地人民政府及有关部门报告：

（一）迅速控制危险源，组织营救受伤被困人员，采取必要措施防止危害扩大。

（二）调整电网运行方式，合理进行电网恢复送电。遇有电网瓦解极端情况时，应立即按照电网黑启动方案进行电网恢复工作。

（三）根据事故危害程度，组织现场人员撤离或者采取可能的应急措施后撤离。

（四）及时通知可能受到影响的单位和人员。

（五）采取必要措施，防止事故危害扩大和次生、衍生灾害发生。

（六）根据需要请求应急救援协调联动单位参加抢险救援，并向参加抢险救援的应急队伍提供相关技术资料、信息、现场处置方案和处置方法。

（七）维护事故现场秩序，保护事故现场和相关证据；对因本单位问题引发的、或主体是本单位人员的社会安全事件，要迅速派出负责人赶赴现场开展劝解、疏导工作。

（八）法律法规、国家有关制度标准、公司相关预案及规章制度规定的其他应急救援措施。

依据《国家电网公司应急队伍管理规定（试行）》（国家电网生〔2008〕1245号）：

第三十条 应急队伍接到应急处置命令，即应立即启动应急预案，并在2h内做好应急准备。应急准备包括：应急队伍成员集结待命、保持通信畅通、检查器材装备和后勤保障物资、做好应急处置前的一切准备工作。

第三十一条 原则上，应急队伍从接到应急处置命令开始至首批人员到达应急处置现场的时间应不超过：200km以内，4h；200～500km，12h；500～1000km，24h。

第三十二条 应急队伍执行应急处置任务期间，按公司应急管理有关规定接受受援单位应急指挥机构领导和监督管理。

依据《国家电网有限公司电力突发事件应急响应工作规则》[国网（安监/3）1106—2022]：

第十七条 应急指挥中心启动要求

1. 事发单位要在 30min 内实现与公司总部应急指挥中心互联互通，并提供相关电网主接线图、地理接线图、潮流图，受损设备设施基础台账、事件简要情况、现场音视频等资料。

2. 相关分部要在 30min 内实现与公司总部应急指挥中心互联互通，并提供相关电网主接线图、地理接线图、潮流图、事故简要情况等资料。

3. 事发现场要第一时间成立现场指挥部，利用 4G/5G 移动视频、应急通信车、各类卫星设备等手段实现与事发单位、公司总部应急指挥中心的音视频互联互通，具备应急会商条件。

4. 国网信通公司要组织南瑞信通、智研院数字化所等技术支撑单位在 30min 内启动总部应急指挥中心，与事发单位建立视频连接，具备条件时第一时间与事发现场建立音视频互联互通，做好视频会议保障、相关视频信息保存以及应急指挥信息系统保障等技术支持。

支撑资料：公司应急预案、管理制度等相关管理规定；一个评估周期突发事件应急处置记录；一个评估周期突发事件应急处置评估报告等；现场检查应急指挥中心。

【典型问题分析】

典型问题：应急预案、现场处置方案无装备配置或配置不足；应急指挥中心无现场视频信息回传功能或功能不正常；应急救援队伍在应急救援过程中存在未在规定时间抵达现场，救援中抵达现场装备配置不符合现场要求等问题；应急救援工作开展混乱，未有序开展；信息反馈不及时、不准确；现场应急指挥部与后方通信联系不顺畅；现场应急照明和应急供电系统不能保障。

成因分析：受应急预案编制者个人能力，对国家、行业、上级相关规定的理解程度影响，预案中未列公司应急装备等应急资源配置情况；受资金情况影响及对国家、行业、上级相关规定的理解差异，导致实际公司配置的应急装备等应急资源确实不足；对于上级关于应急指挥中心标准要求理解不透彻、公司资金问题及应急指挥中心日常维护管理不到位等原因，导致应急指挥中心不具备现场视频信息回传功能或功能不正常；受公司领导层人员素质和领导能力影响及对公司领导层、管理人员和一线员工开展的关于管理制度、应急预案、应急处置等应急知识和技能培训、应急演练不足等因素影响，可能导致应急救援工作开展不力。

3.3.2　现场处置

【标准原文】

建设内容：

1. 及时制定现场抢修方案，做好用户抢修复电安排工作，抢修方案应考虑不同条件下的应急困难，经专家论证按抢修方案进行抢修处置；

2. 做好现场安全保卫，控制危险源、标明危险区域、封锁危险场所，并采取其他防范措施避免事故或损失扩大；

3. 应做好现场监测，保证抢修现场人员安全；

4. 做好事故防范措施，防止次生灾害和二次事故的发生。

评估方法：查阅相关处置记录、应急处置评估报告，视情况考问应急指挥、管理人员及应急抢修队伍人员。

评分标准：现场抢修方案不合理不得分；抢修方案未经过专家论证，每次扣 10 分；未能有效开展现场监测，每次扣 5 分；现场应急指挥、管理人员不掌握应急程序，每发现一次扣 3 分；应急抢修队伍不熟悉现场处置方案，不掌握应急处置技能与应急装备使用知识，每发现一次扣 3 分；扣完为止。

- -

【释义】

本条是关于突发事件发生时的现场处置的规定。

应急专家应参加现场救援方案制定与论证。方案应考虑不同条件下的危险因素和困难，现场指挥部来决定是否论证。

应急救援队伍应熟悉现场处置方案，迅速控制危险源，标明危险区域，封锁危险场所，划定警戒区以及其他控制措施，加强现场保卫工作。

禁止或者限制使用有关设备、设施，关闭或者限制使用有关场所，中止可能导致危害扩大的生产经营活动以及采取其他保护措施。

做好现场安全监测，保证应急现场处置人员安全。

采取防止发生次生灾害或二次事故的必要措施。

根据事态发展决定是否需要扩大应急处置范围。

相关规定要求：

依据《生产安全事故应急条例》（国务院令第 708 号）：

第十七条　发生生产安全事故后，生产经营单位应当立即启动生产安全事故应急

救援预案,采取下列一项或者多项应急救援措施,并按照国家有关规定报告事故情况:

（一）迅速控制危险源,组织抢救遇险人员;

（二）根据事故危害程度,组织现场人员撤离或者采取可能的应急措施后撤离;

（三）及时通知可能受到事故影响的单位和人员;

（四）采取必要措施,防止事故危害扩大和次生、衍生灾害发生;

（五）根据需要请求邻近的应急救援队伍参加救援,并向参加救援的应急救援队伍提供相关技术资料、信息和处置方法;

（六）维护事故现场秩序,保护事故现场和相关证据;

（七）法律、法规规定的其他应急救援措施。

第十九条 应急救援队伍接到有关人民政府及其部门的救援命令或者签有应急救援协议的生产经营单位的救援请求后,应当立即参加生产安全事故应急救援。

第二十二条 在生产安全事故应急救援过程中,发现可能直接危及应急救援人员生命安全的紧急情况时,现场指挥部或者统一指挥应急救援的人民政府应当立即采取相应措施消除隐患,降低或者化解风险,必要时可以暂时撤离应急救援人员。

依据《电网企业应急能力建设评估规范》（DL/T 1920—2018）表 A.1:

3.3.2 现场处置

1. 成立现场指挥部;

2. 及时制定现场抢修方案,抢修方案应考虑不同条件下的危险因素和困难,经专家论证后按抢修方案进行应急抢修;

3. 应急队伍应熟悉现场抢修方案,开展供电抢修;

4. 做好现场安全保卫,控制危险源,标明危险区域,封锁危险场所,并采取其他防范措施避免事故或损失扩大;

5. 做好现场监测,保证抢修现场后安工;

6. 做好基本生产保障和事故现场环境评估工作,做好事故防范措施,防止次生灾害和二次事故的发生。

依据《国家电网有限公司应急工作管理规定》[国网（安监/2）483—2019]:

第五十六条 发生突发事件,事发单位首先要做好先期处置,立即启动生产安全事故应急救援预案,采取下列一项或者多项应急救援措施,并根据相关规定,及时向上级和所在地人民政府及有关部门报告:

（一）迅速控制危险源,组织营救受伤被困人员,采取必要措施防止危害扩大。

（二）调整电网运行方式，合理进行电网恢复送电。遇有电网瓦解极端情况时，应立即按照电网黑启动方案进行电网恢复工作。

（三）根据事故危害程度，组织现场人员撤离或者采取可能的应急措施后撤离。

（四）及时通知可能受到影响的单位和人员。

（五）采取必要措施，防止事故危害扩大和次生、衍生灾害发生。

（六）根据需要请求应急救援协调联动单位参加抢险救援，并向参加抢险救援的应急队伍提供相关技术资料、信息、现场处置方案和处置方法。

（七）维护事故现场秩序，保护事故现场和相关证据。对因本单位问题引发的、或主体是本单位人员的社会安全事件，要迅速派出负责人赶赴现场开展劝解、疏导工作。

（八）法律法规、国家有关制度标准、公司相关预案及规章制度规定的其他应急救援措施。

支撑资料：一个评估周期突发事件应急处置记录；一个评估周期突发事件应急处置评估报告等；考问应急指挥、管理人员及应急抢修队伍人员。

【典型问题分析】

典型问题：未制定现场抢修方案或现场抢修方案存在不合理内容；抢修方案未经过专家论证；未能有效开展现场监测；现场应急指挥、管理人员对应急程序不掌握或掌握存在短板；应急抢修队伍不熟悉现场处置方案，不掌握应急处置技能与应急装备使用知识。

成因分析：受公司领导层人员素质和领导能力影响及对公司领导层、管理人员和一线员工开展的关于管理制度、应急预案、应急处置等应急知识和技能培训、应急演练不足等因素影响，导致现场处置工作开展不力。

3.3.3 损失统计

【标准原文】

建设内容：应建立损失恢复统计及信息报送制度，及时掌握电力设施受损程度和影响范围，按要求及时、全面、准确地统计各类突发事故造成的人员伤亡和损失情况（电力、电量、设备、用户、台区等）。

评估方法：查看相关文件制度和事件处置记录。

评分标准：未建立灾情快速统计机制的不得分；事发单位、班组对灾情统计报告流程不掌握，每处扣 3 分；灾情统计分析不到位，每处扣 3 分；扣完为止。

【释义】

本条是关于突发事件发生时的损失统计的规定。

建立损失恢复统计及信息报送制度。

突发事件应急处置时，应及时掌握电力设施受损程度和影响范围，按要求及时、全面、准确地统计各类突发事故造成的人员伤亡和损失情况（电力、电量、设备、用户、台区等）。

相关规定要求：

依据《关于加强公司生产安全事故和突发事件信息报告工作补充要求的通知》（安监应急〔2010〕86 号），公司系统发生的，被《生产安全事故报告和调查处理条例》（国务院 493 号令）、《国家突发公共事件总体应急预案》、《电力统安全事故应急救援和调查处理条例（征求意见稿）》等文件规定为一般（Ⅳ级）及以上的突发事件，必须按照公司安监综〔2009〕号文件规定，填写国网公司生产安全事故和突发事件告单（简称"报告单"）即时报告。其中，较大（Ⅲ级）及以上突发事件，其报告单必须由本单位主要负责人签字，一般（Ⅳ级）突发事件报告单可由本单位分管负责人签字。为适应上述要求，安监部对报告单格式进行了修改，原报告单停止使用。

依据《电网企业应急能力建设评估规范》（DL/T 1920—2018）表 A.1：

3.4.1 信息统计及报送

应建立应急信息统计报送制度，及时掌握电力设施受损程度和影响范围，按要求及时、全面、准确地统计突发事故造成的人员伤亡和损失情况，并按上级单位和政府的要求及时上报。

依据《国家电网有限公司电力突发事件应急响应工作规则》〔国网（安监/3）1106—2022〕附件 1 公司总部应急响应职责分工：

安全保障组职责：了解、掌握突发事件的情况和处置进展，统计人员伤亡和经济损失信息，及时向指挥部汇报；监督突发事件应急处置、应急抢险、生产恢复工作中安全技术措施和组织措施的落实。

供电保障组职责：负责向重要用户通报突发事件情况，及时了解突发事件对重要用户造成的损失及影响；督促重要用户实施突发事件防范措施；确定在突发事件恢复阶段重要用户的优先及秩序方案，收集统计用电负荷和电量的损失信息、恢复信息，对重要用恢复供电情况，及时向指挥部汇报。

依据《国家电网有限公司突发事件总体（综合）应急预案》（2023 年修订）：

6.2　保险索赔

各有关单位尽快统计人员伤亡和设备损失情况，经相关部门核实后，由财务部门联系保险公司进行索赔。

支撑材料：公司应急预案、管理制度等相关管理规定；一个评估周期突发事件应急处置记录；一个评估周期突发事件应急处置评估报告等；考问事发单位、班组成员。

【典型问题分析】

典型问题：未建立灾情快速统计机制；未建立损失恢复统计及信息报送制度；事发单位、班组未掌握灾情统计报告流程；事故处置评估报告或事故处置记录中灾情统计分析不到位。

成因分析：受公司对应急管理重视程度及管理制度、应急预案编制人员的业务水平影响，管理制度制定人员未及时掌握国家、行业、上级单位等的法律法规、标准规范、有关规定等要求，未建立损失恢复统计及信息报送制度和灾情快速统计机制；受对公司领导层、管理人员和一线员工开展的关于管理制度、应急预案、应急处置等应急知识和技能培训、应急演练不足等因素影响，导致突发事件应急处置时，损失统计开展不力。

3.4　信息报告与发布

【释义】

本部分主要评估被评估单位发生突发事件时的信息报告与发布情况，涉及标准分 60 分。本部分又分为信息报告、信息发布、舆情监测与引导三个建设项目，分别涉及标准分 20 分、20 分和 20 分。

3.4.1 信息报告

3.4.1.1 信息初报

【标准原文】

建设内容:突发事件发生时应立即通过电话、传真、邮件、短信等形式将险情或者事故发生的时间、地点、涉及单位、基本经过、影响范围以及先期处置情况等概要信息等如实向上级和有关部门报告。即时报告后按照预案要求时间书面上报信息。

评估方法:查阅相关管理规定、应急预案、处置记录、应急处置评估报告等。

评分标准:未按规定报送应急信息不得分;信息不准确或不完整,每次扣3分;扣完为止。

【释义】

本条是关于突发事件发生时的信息初报的规定。

事发单位在获知电力突发事件后第一时间启动应急响应,在30min内,事发单位应急办通过电话、传真、邮件、短信等形式向公司安全应急办、相关专业部门及分部即时报告信息,内容包括事发时间、地点、涉及单位、基本经过、影响范围以及先期处置情况等概要信息。即时报告后2h内书面上报信息。有关单位和人员报送、报告突发事件信息,应当做到及时、客观、真实,不得迟报、谎报、瞒报、漏报。

相关规定要求:

依据《国家电网有限公司应急工作管理规定》[国网(安监/2)483—2019]:

第五十一条 突发事件发生后,事发单位应及时向上一级单位行政值班机构和专业部门报告,情况紧急时可越级上报。根据突发事件影响程度,依据相关要求报告当地政府有关部门。信息报告时限执行政府主管部门及公司相关规定。突发事件信息报告包括即时报告、后续报告,报告方式有电子邮件、传真、电话、短信等(短信方式需收到对方回复确认)。事发单位、应急救援单位和各相关单位均应明确专人负责应急处置现场的信息报告工作。必要时,总部和各级单位可直接与现场信息报告人员联系,随时掌握现场情况。

依据《国家电网有限公司电力突发事件应急响应工作规则》[国网（安监/3）1106—2022]：

第十条 事发单位在获知本规则第七条所述电力突发事件后第一时间启动应急响应，在 30min 内，事发单位应急办通过电话、传真、邮件、短信等形式向公司安全应急办、相关专业部门及分部即时报告信息。内容包括事发时间、地点、涉及单位、基本经过、影响范围以及先期处置情况等概要信息。即时报告后 2h 内书面上报信息。

第十一条 公司安全应急办接到事发单位信息报告后，立即核实事件性质、影响范围与损失等情况，向公司分管领导报告，提出应急响应类型和级别建议，经批准后，通知指挥长（牵头部门主要负责人）、相关部门、事发单位、相关分部组织开展应急处置工作（见附件 4），并组织启动应急指挥中心及相关信息支撑系统向国家能源局、国资委、应急管理部等部门报送事件快报。

第十三条 事发单位应急办汇总事件相关信息报公司安全应急办；公司安全应急办依据上报情况及会商会有关情况形成事件报告，经总指挥审核同意后，向办公室（总值班室）、宣传部及国家能源局、国资委、应急管理部等相关部门报告。报告内容包括：事件时间、地点、基本经过、影响范围、已造成后果、初步原因、事件发展趋势和采取的措施等（见附件 5.1）。

第二十二条 内部信息报告

1. 报送时限

信息初报：牵头部门接到事发单位报告后 30min 内，向总指挥初报信息，并通报公司安全应急办。

信息续报：原则上事发当日，事发单位应急指挥部、总部相关工作组每 2h 向公司应急指挥中心动态报送最新进展信息；第二日，7 时、11 时、15 时、19 时（每 4h）各报送一次；第三日至应急响应结束，7 时、19 时每 12h 各报送一次。

2. 报送内容

事发单位电网设施设备受损、人员伤亡、次生灾害、对电网和用户的影响、事件发展趋势、已采取的应急响应措施、抢修恢复情况、网络与信息系统安全情况及下一步安排等。

第二十三条 对外信息报送

安全保障组根据要求做好对外信息报送工作。其中：

1. 办公室（总值班室）负责向中办、国办报告；

2. 公司安全应急办负责向国家能源局、应急管理部及国资委报告；

3. 其他专业部门负责向对口的国家部委报告。牵头部门负责对外报送信息的审核工作，确保数据源唯一、数据准确、及时，审核后由相关部门履行审批手续后报出。

依据《国家电网有限公司应急预案编制规范》（Q/GDW 11958—2020）：

6.6　信息报告与发布

总体应急预案应明确预警期和响应期信息报告的内容、程序、时间要求以及信息发布内容和渠道等。

7.6　信息报告和发布

专项应急预案应明确信息发布负责部门、发布渠道、时限、报告频次等要求。明确信息报告以下内容：

a）内部信息报告负责部门、程序、内容和时限等；

b）外部信息报告负责部门、程序、内容和时限等。

依据《国家电网有限公司突发事件总体（综合）应急预案》（2023 年修订）：

5.1　信息报告

5.1.1　报告程序

5.1.1.1　内部报告程序

（2）应急响应阶段，公司各单位定时向公司事件处置牵头负责部门或专项应急办报告综合信息。公司事件处置牵头负责部门或专项应急办根据事态发展情况，按照有关规定通过公司应急办和总值班室向政府部门和相关单位报告。

5.1.1.2　外部报告程序

公司专项应急办通过公司应急办和总值班室按照有关规定向上级主管部门报送信息。获知突发事件后，公司总值班室和公司应急办履行相关手续后，在规定时限内向国家有关部委进行信息初报，其后，根据政府要求做好信息续报。其中：① 公司总值班室 1h 内报中办、国办；② 公司安全应急办 1h 内报国家能源局、国资委，如构成重大以上生产安全事故，还应立即报告国家应急管理部。公司应急指挥部要督促相关单位向地方政府和能源局派出机构报告有关情况、向地方政府提出预警建议、按有关规定通知重要用户。

5.1.2　报告内容

（2）应急响应阶段：包括突发事件发生的时间、地点、性质、影响范围、严重程度、已采取的措施及效果和事件相关报表等，并根据事态发展和处置情况及时续报动态信息。

5.1.3 报告要求

（1）各单位向总部和当地政府及相关部门汇报信息，必须做到数据源唯一、数据准确、及时；

（3）应急响应阶段：牵头部门接到事发单位报告后 30min 内，向总指挥初报信息，并通报公司安全应急办；信息续报时限和频次根据突发事件类型及影响情况在专项应急预案中明确，原则上事发当日，事发单位应急指挥部、总部相关工作组每 2h 向公司应急指挥中心动态报送最新进展信息，第二日，7 时、11 时、15 时、19 时（每 4h）各报送一次，第三日至应急响应终止，7 时、19 时（每 12h）各报送一次；

（4）各单位启动预警或事件响应，但总部尚未启动时，由相关单位向公司相应职能部门汇报专业信息，向公司应急办汇报综合信息；报送内容及要求按本章相关内容执行；

（5）各单位根据公司临时要求，完成相关信息报送；

（6）公司事件处置牵头负责部门（专项应急办）向国家有关部门报告前，经指挥长审核，报总指挥批准后，并执行国家有关规定。

支撑资料：公司应急预案、管理制度等相关管理规定；一个评估周期突发事件应急处置记录；一个评估周期突发事件应急处置评估报告等。

【典型问题分析】

典型问题：通过查阅一个评估周期突发事件应急处置报告、记录等资料，发现部分突发事件发生后，未按规定报送应急信息或报送信息不准确、不完整。

成因分析：受应急预案编制者个人能力，对国家、行业、上级相关规定的理解程度影响，应急预案或管理制度中规定的信息初报规定不符合要求；受公司领导层人员素质和领导能力影响及对公司领导层、管理人员和一线员工开展的关于管理制度、应急预案、应急处置等应急知识和技能培训、应急演练不足等因素影响，可能导致信息报送不准确、不完整。

3.4.1.2 信息续报

【标准原文】

建设内容：在事件发生、应急响应各阶段，应按规定向上级单位和政府有关部门报送应急信息，信息报送应做到及时、准确和完整、真实。

评估方法：查看相关文件制度和事件处置记录。

评分标准：事件处置未做信息续报不得分；信息报送内容、数据不统一，每次扣2分；信息不完整，每处扣2分；扣完为止。

【释义】

本条是关于突发事件发生时的信息续报的规定。

原则上事发当日，事发单位应急指挥部、总部相关工作组每2h向公司应急指挥中心动态报送最新进展信息；第二日，7时、11时、15时、19时（每4h）各报送一次；第三日至应急响应结束，7时、19时（每12h）各报送一次。报送内容应包括事发单位电网设施设备受损、人员伤亡、次生灾害、对电网和用户的影响、事件发展趋势、已采取的应急响应措施、抢修恢复情况、网络与信息系统安全情况及下一步安排等。

相关规定要求：

依据《国家电网有限公司电力突发事件应急响应工作规则》[国网（安监/3）1106—2022]：

第二十二条 内部信息报告

2. 报送内容：事发单位电网设施设备受损、人员伤亡、次生灾害、对电网和用户的影响、事件发展趋势、已采取的应急响应措施、抢修恢复情况、网络与信息系统安全情况及下一步安排等。

第二十三条 对外信息报送

安全保障组根据要求做好对外信息报送工作。其中：

1. 办公室（总值班室）负责向中办、国办报告；

2. 公司安全应急办负责向国家能源局、应急管理部及国资委报告；

3. 其他专业部门负责向对口的国家部委报告。牵头部门负责对外报送信息的审核工作，确保数据源唯一、数据准确、及时，审核后由相关部门履行审批手续后报出。

依据《国家电网有限公司应急预案编制规范》（Q/GDW 11958—2020）：

6.6 信息报告与发布总体应急预案

应明确预警期和响应期信息报告的内容、程序、时间要求以及信息发布内容和渠道等。

7.6 信息报告和发布专项应急预案

应明确信息发布负责部门、发布渠道、时限、报告频次等要求。明确信息报告以下内容：

a）内部信息报告负责部门、程序、内容和时限等；

b）外部信息报告负责部门、程序、内容和时限等。

依据《国家电网有限公司突发事件总体（综合）应急预案》（2023 年修订）：

5.1 信息报告

5.1.1 报告程序

5.1.1.1 内部报告程序

（2）应急响应阶段，公司各单位定时向公司事件处置牵头负责部门或专项应急办报告综合信息。公司事件处置牵头负责部门或专项应急办根据事态发展情况，按照有关规定通过公司应急办和总值班室向政府部门和相关单位报告。

5.1.1.2 外部报告程序

公司专项应急办通过公司应急办和总值班室按照有关规定向上级主管部门报送信息。获知突发事件后，公司总值班室和公司应急办履行相关手续后，在规定时限内向国家有关部委进行信息初报，其后，根据政府要求做好信息续报。其中：① 公司总值班室 1h 内报中办、国办；② 公司安全应急办 1h 内报国家能源局、国资委，如构成重大以上生产安全事故，还应立即报告国家应急管理部。公司应急指挥部要督促相关单位向地方政府和能源局派出机构报告有关情况、向地方政府提出预警建议、按有关规定通知重要用户。

5.1.2 报告内容

（2）应急响应阶段：包括突发事件发生的时间、地点、性质、影响范围、严重程度、已采取的措施及效果和事件相关报表等，并根据事态发展和处置情况及时续报动态信息。

5.1.3 报告要求

（1）各单位向总部和当地政府及相关部门汇报信息，必须做到数据源唯一、数据准确、及时；

（3）应急响应阶段：牵头部门接到事发单位报告后 30min 内，向总指挥初报信息，并通报公司安全应急办；信息续报时限和频次根据突发事件类型及影响情况在专项应急预案中明确，原则上事发当日，事发单位应急指挥部、总部相关工作组每 2h 向公司应急指挥中心动态报送最新进展信息，第二日，7时、11时、15时、19时（每4h）各报送一次，第三日至应急响应终止，7时、19时（每12h）各报送一次；

（4）各单位启动预警或事件响应，但总部尚未启动时，由相关单位向公司相应职能部门汇报专业信息，向公司应急办汇报综合信息；报送内容及要求按本章相关内容执行；

（5）各单位根据公司临时要求，完成相关信息报送；

（6）公司事件处置牵头负责部门（专项应急办）向国家有关部门报告前，经指挥长审核，报总指挥批准后，并执行国家有关规定。

支撑资料：公司应急预案、管理制度等相关管理规定；一个评估周期突发事件应急处置记录；一个评估周期突发事件应急处置评估报告等。

【典型问题分析】

典型问题：通过查阅一个评估周期突发事件应急处置报告、记录等资料，存在部分突发事件发生后，事件处置阶段未做信息续报，信息续报内容、数据不统一，续报信息不完整等问题。

成因分析：受应急预案编制者个人能力，对国家、行业、上级相关规定的理解程度影响，应急预案或管理制度中规定的信息续报规定不符合要求；受公司领导层人员素质和领导能力影响及对公司领导层、管理人员和一线员工开展的关于管理制度、应急预案、应急处置等应急知识和技能培训、应急演练不足等因素影响，可能导致信息续报不准确、不完整、不统一。

3.4.2　信息发布

【释义】

本部分主要评估被评估单位发生突发事件时的信息发布情况，涉及标准分20分。本部分又分为信息发布程序、信息发布内容两个建设项目，分别涉及标准分10分和10分。

3.4.2.1　信息发布程序

【标准原文】

建设内容：

1. 应建立新闻发布机制；

2. 应制定信息发布的模板和新闻发布通稿；

3. 信息发布应及时，避免产生负面影响。

评估方法：查阅相关文件制度和事件处置记录。

评分标准：未建立新闻发布机制的不得分；未制定信息发布模板和新闻发布通稿扣 3 分；未按规定程序进行信息发布或新闻发布，每次扣 3 分；信息发布不及时或产生负面影响，每次扣 3 分；扣完为止。

【释义】

本条是关于突发事件发生时的信息发布程序的规定。

应明确向有关新闻媒体、社会公众通报事件信息的部门、负责人和程序及原则，建立新闻发布机制；

向新闻媒体、社会发布突发事件信息前应经政府有关部门许可；

应制定信息发布的模板和新闻发布通稿。应急响应启动或解除后，按规定程序进行新闻发布；

信息发布应及时，避免产生负面影响。

相关规定要求：

依据《电网企业应急能力建设评估规范》（DL/T 1920—2018）表 A.1：

3.4.3.1　信息发布程序

1. 应制定信息发布的模板和新闻发布通稿；

2. 应按政府要求，做好相关信息发布工作；

3. 信息发布应及时，避免产生负面影响。

依据《国家电网有限公司应急工作管理规定》[国网（安监/2）483—2019]：

第三十条　舆情应对能力是指按照公司品牌建设规划推进和国家应急信息披露各项要求，规范信息发布工作，建立舆情监测、分析、应对、引导常态机制，主动宣传和维护公司品牌形象的能力。

依据《国家电网有限公司电力突发事件应急响应工作规则》[国网（安监/3）1106—2022]附件 1 公司总部应急响应职责分工：

舆情处置组职责：及时收集突发事件的有关信息，整理并组织新闻报道稿件；拟定新闻发布方案和发布内容，负责新闻发布工作；接待、组织和管理媒体记者做好采访；负责突发事件处置期间的内外部宣传工作。

依据《国家电网有限公司应急预案编制规范》（Q/GDW 11958—2020）：

6.6 信息报告与发布

总体应急预案应明确预警期和响应期信息报告的内容、程序、时间要求以及信息发布内容和渠道等。

7.6 信息报告和发布专项应急预案

应明确信息发布负责部门、发布渠道、时限、报告频次等要求。明确信息报告以下内容：

a）内部信息报告负责部门、程序、内容和时限等；

b）外部信息报告负责部门、程序、内容和时限等。

依据《国家电网有限公司突发事件总体（综合）应急预案》（2023 年修订）：

5.2 信息发布

5.2.2 应急响应阶段，公司事件处置牵头负责部门协助有关部门开展突发事件信息发布和舆论引导工作。

5.2.3 发布信息主要包括突发事件的基本情况、采取的应急措施、取得的进展、存在的困难以及下一步工作打算等信息。

5.2.4 信息发布的渠道包括公司网站、官方微博、官方微信、当地主流媒体、新闻发布会、95598 电话告知、短信群发、电话录音告知和当地政府信息发布平台等形式；视情况，采用其中一种或多种形式。

5.2.5 国网宣传部组织开展舆论监测，汇集有关信息，跟踪、研判社会舆论，及时确定应对策略，开展舆论引导工作。

5.2.6 信息发布和舆论引导工作应实事求是、及时主动、正确引导、严格把关、强化保密。

支撑资料：公司应急预案、管理制度等相关管理规定；一个评估周期突发事件应急处置记录；一个评估周期突发事件应急处置评估报告等。

【典型问题分析】

典型问题：部分公司未建立新闻发布相关制度和明确新闻发言人，建立新闻发布机制；部分公司未制定信息发布模板和新闻发布通稿；部分突发事件发生后，存在未按规定程序进行信息发布或新闻发布、信息发布不及时或产生负面影响等问题。

成因分析：受制度制定者、应急预案编制者个人能力，对国家、行业、上级相关规定的理解程度影响，应急预案或管理制度中规定的信息发布程序不符合要求；受公司领导层人员素质和领导能力影响及对公司领导层、管理人员和一线员工开展的关于管理制度、应急预案、应急处置等应急知识和技能培训、应急演练不足等因素影响，可能导致突发事件发生后，信息或新闻未按照规定程序进行发布，信息发布不及时或产生负面影响。

3.4.2.2　信息发布内容

【标准原文】

建设内容：

1. 应建立信息发布内容审核机制；

2. 信息发布的内容应全面、准确；

3. 不同应急阶段信息发布和新闻发布的目的应明确；

4. 信息发布应考虑应急阶段性特点。

评估方法：查阅相关文件制度和事件处置记录。

评分标准：未建立信息发布内容审核机制的不得分；信息发布的内容不全面、准确，每次扣 3 分；不同阶段发布信息未动态更新，每次扣 3 分；扣完为止。

【释义】

本条是关于突发事件发生时的信息发布内容的规定。

信息发布的内容应包括：事件概要、影响范围、已采取的措施、预计恢复时间等；

信息发布应结合应急响应阶段性特点，做好动态管理，及时更新。

相关规定要求：

依据《电网企业应急能力建设评估规范》（DL/T 1920—2018）表 A.1：

3.4.3.1　信息发布程序

3.4.3.2　信息发布内容

1. 信息发布的内容应包括：事件概要、影响范围、事件原因、已采取的措施、预计恢复时间等；

2. 信息发布应结合应急响应阶段性特点，做好动态管理，及时更新。

依据《国家电网有限公司突发事件总体（综合）应急预案》（2023 年修订）：

5.2.3 发布信息

主要包括突发事件的基本情况、采取的应急措施、取得的进展、存在的困难以及下一步工作打算等信息。

5.2.4 信息发布的渠道

包括公司网站、官方微博、官方微信、当地主流媒体、新闻发布会、95598 电话告知、短信群发、电话录音告知和当地政府信息发布平台等形式；视情况，采用其中一种或多种形式。

支撑资料：公司应急预案、管理制度等相关管理规定；一个评估周期突发事件应急处置记录；一个评估周期突发事件应急处置评估报告等。

【典型问题分析】

典型问题：部分公司未建立信息发布内容审核机制；部分突发事件发生后，存在信息发布内容不全面、准确，不同阶段发布信息未动态更新等问题。

成因分析：受制度制定者、应急预案编制者个人能力，对国家、行业、上级相关规定的理解程度影响，应急预案或管理制度中规定的信息发布内容不符合要求；受公司领导层人员素质和领导能力影响及对公司领导层、管理人员和一线员工开展的关于管理制度、应急预案、应急处置等应急知识和技能培训、应急演练不足等因素影响，可能导致突发事件发生后，信息发布内容不符合规定要求或信息发布内容不全。

3.4.3 舆情监测与引导

【标准原文】

建设内容：

1. 建立突发事件网络舆论监测预警、管理控制相关的数据库、信息获取与分析机制；

2. 落实网络舆情信息自动化监测人员职责；

3. 发生突发事件，通过微博等渠道第一时间向社会发布信息。

评估方法：查阅相关文件制度和事件处置记录。

评分标准：未建立网络舆情监测预警机制的不得分；舆情监测人员职责不明确扣 5 分；未开通官方微博等信息发布渠道的扣 2 分。

【释义】

企业应建立健全舆情收集和分析机制，可在《突发事件信息发布管理制度》中明确舆情收集和分析的责任部门，落实舆情引导人员职责，明确舆情信息的收集方式及信息的分析处理流程；

舆情收集的方式包括收集网络、电视、报刊、微信等各类平台信息。

相关规定要求：

依据《国家电网有限公司应急工作管理规定》[国网（安监/2）483—2019]：

第三十条 舆情应对能力是指按照公司品牌建设规划推进和国家应急信息披露各项要求，规范信息发布工作，建立舆情监测、分析、应对、引导常态机制，主动宣传和维护公司品牌形象的能力。

依据《国家电网有限公司电力突发事件应急响应工作规则》[国网（安监/3）1106—2022]附件1 公司总部应急响应职责分工：

舆情处置组职责：及时收集突发事件的有关信息，整理并组织新闻报道稿件；拟定新闻发布方案和发布内容，负责新闻发布工作；接待、组织和管理媒体记者做好采访；负责突发事件处置期间的内外部宣传工作。

依据《国家电网有限公司突发事件总体（综合）应急预案》（2023年修订）：

5.2.5 国网宣传部组织开展舆论监测，汇集有关信息，跟踪、研判社会舆论，及时确定应对策略，开展舆论引导工作。

5.2.6 信息发布和舆论引导工作应实事求是、及时主动、正确引导、严格把关、强化保密。

支撑资料：公司应急预案、管理制度等相关管理规定；一个评估周期突发事件应急处置记录；一个评估周期突发事件应急处置评估报告等。

【典型问题分析】

典型问题：未建立突发事件网络舆论监测预警、管理控制相关的数据库、信息获取与分析机制；未落实网络舆情信息自动化监测人员职责；未开通官方微博等信息发布渠道；发生突发事件，未通过微博等渠道第一时间向社会发布信息。

成因分析：受制度制定者、应急预案编制者个人能力，对国家、行业、上级相关规定的理解程度影响，公司未建立突发事件网络舆论监测预警、管理控制相关的数据库、信息获取与分析机制，未落实网络舆情信息自动化监测人员职责，未开通官方微博等信息发布渠道；受公司领导层人员素质和领导能力影响及对公司领导层、管理人员和一线员工开展的关于管理制度、应急预案、应急处置等应急知识和技能培训、应急演练不足等因素影响，可能导致突发事件发生后，出现舆情事件或舆情处理不当的情况发生。

3.5 响应调整与结束

【标准原文】

建设内容：

1. 是否按要求调整或终止应急响应；

2. 发布调整或解除应急响应通知是否按预案要求。

评估方法：查阅相关文件制度和事件处置记录。

评分标准：条件不具备解除应急响应的不得分；发布解除应急响应通知不及时、不规范，每发现一处扣 3 分；扣完为止。

【释义】

本条是关于突发事件发生时的响应调整与结束的规定。

应按要求调整或终止应急响应；

应按应急预案规定的条件发布调整或解除应急响应通知。

相关规定要求：

依据《生产经营单位生产安全事故应急预案编制导则》（GB/T 29639—2020）：

6.3.6 响应终止

综合应急预案应明确响应终止的基本条件、要求和责任人。

依据《电网企业应急预案编制导则》（DL/T 2518—2022）：

6.3.6 响应终止

综合应急预案应明确应急响应调整、应急响应结束的基本条件和要求：

a）应急结束的条件一般应满足以下要求：突发事件得以控制，导致次生、衍生事故隐患消除，环境符合有关标准，并经应急领导小组批准。

b）应急结束后的相关事项应包括向有关单位和部门上报的突发事件情况报告、应急工作总结报告等。

依据《电网企业应急能力建设评估规范》（DL/T 1920—2018）表 A.1：

3.6 调整与结束

是否按要求调整或终止应急响应，发布调整或解除应急响应通知是否按预案要求执行。

依据《国家电网有限公司应急工作管理规定》[国网（安监/2）483—2019]：

第六十二条 根据事态发展变化，公司及相关单位应调整突发事件响应级别。突发事件得到有效控制、危害消除后，公司及相关单位应解除应急指令，宣布结束应急状态。

依据《国家电网有限公司电力突发事件应急响应工作规则》[国网（安监/3）1106—2022]：

第二十四条 根据事态发展变化，指挥长提出应急响应级别调整建议，经总指挥批准后，按照新的应急响应级别开展应急处置。

第二十五条 电力突发事件得到有效控制、危害消除后，指挥长提出结束应急响应建议，经总指挥批准后，宣布应急响应结束。

第二十六条 应急响应过程中，公司安全应急办监督检查相关部门和单位、事发单位、相关分部按照预案要求启动响应及提供相应资料等情况，并组织对应急值守工作情况进行抽查。应急响应结束后，公司安全应急办应组织开展应急处置评估，分析总结电力突发事件的起因、性质、影响、经验教训和应急处置，提出防范和改进措施。相关工作组要及时收集整理、归档应急响应过程中产生的相关资料，确保齐全完整、真实准确、系统规范，为以后的应急处置工作提供参考依据。

依据《国家电网有限公司应急预案编制规范》（Q/GDW 11958—2020）：

6.5.5 应急调整与结束 总体应急预案应明确应急响应级别调整以及响应结束的基本程序及发布渠道。

依据《国家电网有限公司突发事件总体（综合）应急预案》（2023 年修订）：

4.5 响应调整与终止

4.5.1 根据事态发展变化，指挥长提出应急响应级别调整建议，经总指挥批准后，按照新的应急响应级别开展应急处置。

4.5.2 突发事件得到有效控制、危害消除后，指挥长提出终止应急响应建议，经总指挥批准后，宣布应急响应终止。公司总部应急响应流程见附件 8.8。

支撑资料：公司应急预案、管理制度等相关管理规定；一个评估周期突发事件应急处置记录；一个评估周期突发事件应急处置评估报告等。

【典型问题分析】

典型问题：查阅应急事件处置评估报告、处置记录等资料，存在部分应急处置事件中，条件不具备即解除应急响应或发布解除应急响应通知不及时、不规范等问题。

成因分析：受制度制定者、应急预案编制者个人能力，对国家、行业、上级相关规定的理解程度影响，应急预案或管理制度中规定的应急响应结束程序不符合要求；受公司领导层人员素质和领导能力影响及对公司领导层、管理人员和一线员工开展的关于管理制度、应急预案、应急处置等应急知识和技能培训、应急演练不足等因素影响，可能导致突发事件发生后，应急响应结束程序不符合规定要求，解除应急响应通知不及时、不规范等。

3.6 新一代应急指挥系统应急响应应用

【释义】

本部分主要评估被评估单位发生突发事件时，新一代应急指挥系统应急响应应用的情况，涉及标准分 50 分。本部分又分为应急启动、应急响应进度跟踪、现场情况反馈三个建设项目，分别涉及标准分 15 分、25 分和 10 分。

3.6.1 应急启动

【标准原文】

建设内容：

1. 应用系统做好设备灾损、用户停电信息收集，结合事先明确的应急响应阈值，判断受灾范围和趋势；

2. 对本单位决定启动的应急响应，在系统中规范启动，与上级应急响应准确关联，做到应起尽起；

3. 按要求在系统中配置应急指挥部，明确应急指挥部人员信息。

评估方法：查看新一代应急指挥系统。

评分标准：未应用系统做好设备灾损、用户停电信息收集的不得分；应急响应启动不及时、不规范，每处扣 3 分；与上级应急响应未准确关联，未做到应起尽起，每次扣 3 分；未按要求在系统中配置应急指挥部，每次扣 3 分；应急指挥部人员信息不完善，每处扣 0.5 分；扣完为止。

【释义】

本条是关于突发事件发生时，新一代应急指挥系统应急启动的规定。

应用系统做好设备灾损、用户停电信息收集，结合事先明确的应急响应阈值，判断受灾范围和趋势；

对本单位决定启动的应急响应，在系统中规范启动，与上级应急响应准确关联，做到应起尽起；

按要求在系统中配置应急指挥部，明确应急指挥部人员信息。

相关规定要求：

依据《生产安全事故应急条例》（国务院令第 708 号）：

第十六条 国务院负有安全生产监督管理职责的部门应当按照国家有关规定建立生产安全事故应急救援信息系统，并采取有效措施，实现数据互联互通、信息共享。

依据《国家电网有限公司应急工作管理规定》[国网（安监/2）483—2019]：

第三十三条 应急信息和指挥系统是指在较为完善的信息网络基础上，构建的先进实用的应急管理信息平台，实现应急工作管理，应急预警、值班，信息报送、统计，辅助应急指挥等功能，满足公司各级应急指挥中心互联互通，以及与政府相关应急指挥中心联通要求，完成指挥员与现场的高效沟通及信息快速传递，为应急管理和指挥决策提供丰富的信息支撑和有效的辅助手段。同时，各单位还应配合政府相关部门建立生产安全事故应急救援信息系统，并通过系统进行应急预案备案和相关信息报送。

依据《新一代应急指挥系统应用与管理评价细则（试行）》：

（一）系统应用评价

5. 应急响应模块使用—对各单位系统应急响应模块中灾损快速统计、应急响应跟踪等使用情况进行评价。

应急启动

1. 应用 ECS 系统做好设备灾损、用户停电信息收集，结合事先明确的应急响应阈值，判断受灾范围和趋势。

2. 对本单位决定启动的应急响应，在系统中规范启动，与上级应急响应准确关联，做到应起尽起。

支撑资料：新一代应急指挥系统。

【典型问题分析】

典型问题：部分公司未应用系统做好设备灾损、用户停电信息收集；应急响应启动不及时、不规范；与上级应急响应未准确关联，未做到应起尽起；未按要求在系统中配置应急指挥部；应急指挥部人员信息不完善。

成因分析：对公司相关人员开展的关于新一代应急指挥系统的培训不足，相关人员对新一代应急指挥系统的掌握不足，可能导致新一代应急指挥系统应急启动环节存在问题。

3.6.2 应急响应进度跟踪

【标准原文】

建设内容：

1. 在系统中发布应急响应任务，通知到有关人员；

2. 督促落实应急响应任务，跟踪有关专业措施落实情况，跟踪应急队伍、车辆、装备、物资的位置、运行轨迹，协助指挥部处理有关车辆、装备和物资调拨申请；

3. 跟踪现场应急处置情况，应急队伍、车辆、装备、物资的轨迹应能够在 GIS 地图上正确显示；

4. 开展联线检查，轮巡有关视频画面，核实现场开展的应急响应措施，以及有关灾损与恢复情况。

评估方法：查看新一代应急指挥系统。

评分标准：启动响应的未在系统中发布应急响应任务，未通知到有关人员，每处扣 3 分；应急响应任务未落实或未督促落实，每处扣 3 分；应急队伍、车辆、装备、物资的轨迹不能够在 GIS 地图上正确显示，每次扣 3 分；未通过系统核实现场应急响应措施开展及有关灾损与恢复情况，每次扣 3 分；扣完为止。

【释义】

本条是关于突发事件发生时，新一代应急指挥系统应急响应进度跟踪的规定。

在系统中发布应急响应任务，通知到有关人员；

督促落实应急响应任务，跟踪有关专业措施落实情况，跟踪应急队伍、车辆、装备、物资的位置、运行轨迹，协助指挥部处理有关车辆、装备和物资调拨申请；

跟踪现场应急处置情况，应急队伍、车辆、装备、物资的轨迹应能够在 GIS 地图上正确显示；

开展联线检查，轮巡有关视频画面，核实现场开展的应急响应措施，以及有关灾损与恢复情况。

相关规定要求：

依据《国家电网有限公司应急工作管理规定》[国网（安监/2）483—2019]：

第三十三条 应急信息和指挥系统是指在较为完善的信息网络基础上，构建的先进实用的应急管理信息平台，实现应急工作管理，应急预警、值班，信息报送、统计，辅助应急指挥等功能，满足公司各级应急指挥中心互联互通，以及与政府相关应急指挥中心联通要求，完成指挥员与现场的高效沟通及信息快速传递，为应急管理和指挥决策提供丰富的信息支撑和有效的辅助手段。同时，各单位还应配合政府相关部门建立生产安全事故应急救援信息系统，并通过系统进行应急预案备案和相关信息报送。

《新一代应急指挥系统应用与管理评价细则（试行）》：

（一）系统应用评价

5. 应急响应模块使用—对各单位系统应急响应模块中灾损快速统计、应急响应跟踪等使用情况进行评价。

应急响应进度跟踪

1. 在系统中发布应急响应任务，通知到有关人员。

2. 督促落实应急响应任务，跟踪有关专业措施落实情况，跟踪应急队伍、车辆、装备、物资的位置、运行轨迹，协助指挥部处理有关车辆、装备和物资调拨申请。

3. 跟踪现场应急处置情况，应急队伍、车辆、装备、物资的轨迹应能够在 GIS 地图上正确显示。

4. 开展联线检查，轮巡有关视频画面，核实现场开展的应急响应措施，以及有关灾损与恢复情况。

支撑资料：查看新一代应急指挥系统。

【典型问题分析】

典型问题：启动响应的未在系统中发布应急响应任务，未通知到有关人员；应急响应任务未落实或未督促落实；应急队伍、车辆、装备、物资的轨迹不能够在 GIS

地图上正确显示；未通过系统核实现场应急响应措施开展及有关灾损与恢复情况。

成因分析：对公司相关人员开展的关于新一代应急指挥系统的培训不足，相关人员对新一代应急指挥系统的掌握不足，可能导致新一代应急指挥系统应急响应进度跟踪环节存在问题。

3.6.3 现场情况反馈

【标准原文】

建设内容：现场人员能够即时通过智慧应急 APP 反馈现场受灾情况、灾损信息、恢复情况、处置情况等，完成应急响应任务。

评估方法：查看新一代应急指挥系统。

评分标准：现场人员未能即时通过 APP 反馈现场受灾情况、灾损信息、恢复情况、处置情况等现场信息，每次扣 3 分；扣完为止。

【释义】

本条是关于突发事件发生时，新一代应急指挥系统现场情况反馈的规定。

现场人员能够即时通过智慧应急 APP 反馈现场受灾情况、灾损信息、恢复情况、处置情况等，完成应急响应任务。

相关规定要求：

依据《国家电网有限公司应急工作管理规定》[国网（安监/2）483—2019]：

第三十三条 应急信息和指挥系统是指在较为完善的信息网络基础上，构建的先进实用的应急管理信息平台，实现应急工作管理，应急预警、值班，信息报送、统计，辅助应急指挥等功能，满足公司各级应急指挥中心互联互通，以及与政府相关应急指挥中心联通要求，完成指挥员与现场的高效沟通及信息快速传递，为应急管理和指挥决策提供丰富的信息支撑和有效的辅助手段。同时，各单位还应配合政府相关部门建立生产安全事故应急救援信息系统，并通过系统进行应急预案备案和相关信息报送。

《新一代应急指挥系统应用与管理评价细则（试行）》：

（一）系统应用评价

5. 应急响应模块使用—对各单位系统应急响应模块中灾损快速统计、应急响应跟踪等使用情况进行评价。现场情况反馈 现场人员能够定期通过 APP 反馈现场受灾情况、灾损信息、恢复情况、处置情况等现场信息，完成应急响应任务。

支撑资料：查看新一代应急指挥系统。

【典型问题分析】

典型问题：现场人员未能即时通过 APP 反馈现场受灾情况、灾损信息、恢复情况、处置情况等现场信息。

成因分析：对公司相关人员开展的关于新一代应急指挥系统的培训不足，相关人员对新一代应急指挥系统的掌握不足，可能导致新一代应急指挥系统现场情况反馈环节存在问题。

4 事后恢复与重建

4.1 后期处置

【释义】

后期处置包括灾后人员心理疏导、事件经济损失分析、事件调查分析、资料归档。

4.1.1 灾后人员心理疏导

【标准原文】

建设内容：对受影响且需要心理救助的人员进行心理疏导和救助。

评估方法：查阅相关报告及记录等。

评分标准：未对受灾影响需要心理救助的员工开展心理恢复的发现一处扣 1 分；扣完为止。

【释义】

本条文对灾后人员心理疏导作出了规定。

支撑资料：对人员进行心理疏导和救助记录等资料。

【典型问题分析】

典型问题：未对受灾影响需要心理救助的员工开展心理恢复。

成因分析：对灾后人员心理疏导不重视，职责不明确。

4.1.2 事件经济损失分析

【标准原文】

建设内容：组织相关专业部门开展突发事件的损失统计和综合分析，及时开展保险理赔及费用结算。

评估方法：查阅相关报告及记录等。

评分标准：未进行损失统计及综合分析的每次扣 2 分；未及时开展保险理赔及费用结算，每次扣 2 分；扣完为止。

【释义】

本条文对开展突发事件的损失统计和综合分析、开展保险理赔及费用结算作出了规定。

支撑资料：损失统计及综合分析记录，保险理赔及费用结算记录等。

【典型问题分析】

典型问题：未进行损失统计及综合分析；未及时开展保险理赔及费用结算。

成因分析：事件经济损失分析职责不明确，日常管理不到位。

4.1.3 事件调查分析

【标准原文】

建设内容：查找突发事件的起因、性质、影响、经验教训。

评估方法：查阅相关报告及记录等。

评分标准：未针对突发事件进行分析，每次扣 2 分；扣完为止。

【释义】

本条文对查找突发事件的起因、性质、影响、经验教训作出了规定。

依据《国家电网有限公司应急工作管理规定》[国网（安监/2）483—2019]：

第六十四条 公司及相关单位要对突发事件的起因、性质、影响、经验教训和恢复重建等问题进行调查评估，同时，要及时收集各类数据，按照国家有关规定成立的生产安全事故调查组应当对应急救援工作进行评估，并在事故调查报告中做出评估结论，提出防范和改进措施。

支撑资料：事件调查分析报告及记录等。

【典型问题分析】

典型问题：未针对突发事件进行分析。

成因分析：对事件调查分析不重视，职责不明确。

4.1.4　资料归档

【标准原文】

建设内容：及时清理事发现场，收集整理灾害影响影像资料和相关基础资料，并进行归档。

评估方法：查阅相关报告及记录等。

评分标准：响应结束后未及时进行资料归档的每次扣2分；扣完为止。

【释义】

本条文对灾害资料归档作出了规定。

依据《国家电网有限公司应急工作管理规定》[国网（安监/2）483—2019]：

第六十五条　公司及相关单位要及时收集、整理突发事件应急处置过程中产生的包括文本、音视频等在内的档案资料，确保齐全完整，并建立档案应急案例资源库，及时归档，为以后的应急处置工作提供参考依据。

支撑资料：事故资料档案等。

【典型问题分析】

典型问题：响应结束后未及时进行资料归档。

成因分析：对资料归档不重视，职责不明确，日常管理不规范。

4.2　应急处置评估

【释义】

应急处置评估包括评估调查与考核机制、事件评估调查。

依据《国家电网有限公司安全事故整改后评估管理办法》[国网（安监/3）

1019—2020]：

第十条　后评估工作以事故（事件）调查报告为基础，以事故（事件）调查处理"四不放过"执行情况为重点，按照《国家电网有限公司安全事故整改后评估标准》，对接受后评估的单位事故（事件）整改措施和处理意见的落实情况以及涉及的专项安全管理工作开展情况进行评估。评估内容应包括以下方面：

（一）核实事故（事件）调查报告对责任单位和人员的责任追究意见落实情况；

（二）针对事故（事件）调查报告提出的管理和技术问题，评估整改措施落实情况；

（三）针对事故（事件）调查报告提出的事故（事件）防范措施和整改工作建议，评估其分解落实情况；

（四）评估应受教育的有关人员受教育情况及受教育效果；

（五）根据事故（事件）整改的实际需要，评估事故（事件）发生单位的安全目标、责任制、监督管理、规章制度、反措和安措、教育培训、例行工作、风险管理、应急管理、职业健康、电网相关方、承发包工程和委托业务等规范标准落实和安全管理工作开展情况；

（六）其他与事故（事件）有关的整改措施落实情况。

第十一条　后评估工作应形成后评估报告。后评估报告应包括以下内容：

（一）评估工作组织开展情况；

（二）责任单位和人员的责任追究落实情况；

（三）事故（事件）防范的管理和技术措施落实情况；

（四）事故（事件）防范的工作建议分解落实情况；

（五）应受教育的有关人员接受教育情况；

（六）整改工作中存在的问题及措施建议；

（七）事故（事件）整改情况整体评价；

（八）未完成整改的内容、原因及后续整改计划。

事故（事件）发生单位的自评估报告应参照后评估报告模式编制。

4.2.1　评估调查与考核机制

【标准原文】

建设内容：

1. 建立健全事件处置评估调查与考核机制；

2. 事发单位对每次突发事件的处置过程进行评估调查；

3. 事发单位应对上级单位应急处置评估调查报告有关建议和要求，应予以落实，制定整改计划，限期整改，闭环管理，按要求向上级单位进行反馈；

4. 应按规定组织或配合上级部门开展事故调查，并做好归档和备案工作，有针对性地制定事故防范对策措施，对整改措施进行落实；

5. 将应急考核工作纳入公司业绩考核；建立应急工作奖惩机制，对应急日常管理、应急体系建设、应急处置与救援全过程进行考核。

评估方法：查阅相关考核记录等。

评分标准：未建立评估调查与考核机制不得分；未对突发事件处置进行评估调查，每次扣 2 分；评估调查整改措施不落实或未形成闭环管理，每次扣 2 分；未将应急考核工作纳入公司业绩考核，扣 2 分；未建立应急工作奖惩机制，扣 2 分；扣完为止。

【释义】

本条文对事件处置评估调查与考核机制作出了规定。

依据《国家电网有限公司应急工作管理规定》〔国网（安监/2）483—2019〕：

第七十条 公司各单位应将应急工作纳入企业综合考核评价范围，建立应急管理考核评价指标体系，健全责任追究制度。

第七十一条 公司将应急工作纳入安全奖惩制度，对应急工作表现突出的单位和个人予以表彰奖励。有下列情形之一的，追究相关单位和人员责任：

（一）未制定生产安全事故应急救援预案；

（二）未将生产安全事故应急救援预案报送备案；

（三）未定期组织应急救援预案演练；

（四）未对从业人员进行应急教育和培训；

（五）主要负责人在本单位发生生产安全事故时不立即组织抢救；

（六）未对应急救援器材、设备和物资进行经常性维护、保养，导致发生严重生产安全事故或者生产安全事故危害扩大；

（七）在本单位发生生产安全事故后未立即采取相应的应急救援措施，造成严重后果；

（八）未建立应急值班制度或者配备应急值班人员；

（九）其他违反应急相关法律、行政法规规定。

支撑资料：评估调查与考核机制；评估调查报告；评估调查整改措施及整改资料；应急工作考核记录等。

【典型问题分析】

典型问题：未建立评估调查与考核机制；未对突发事件处置进行评估调查；评估调查整改措施不落实或未形成闭环管理；未将应急考核工作纳入公司业绩考核；未建立应急工作奖惩机制。

成因分析：评估调查与考核机制不健全，职责不明确，日常管理不规范。

4.2.2 事件评估调查

【释义】

事件评估调查包括预警启动评估调查、应急响应评估调查、应急预案执行、落实整改。

4.2.2.1 预警启动评估调查

【标准原文】

建设内容：

1. 事发单位在每次红色预警解除后（不包括转入响应的事件），在规定时间内进行自行评估调查。

2. 分析各预警环节的优劣，指出存在的问题，提出整改建议。

3. 针对提出的问题，制定整改措施，对需长时间才能完成的要列入工作计划。评估的内容主要包括：（1）灾害（灾难）概况；（2）电网影响情况；（3）预警启动及行动情况；（4）取得的经验、存在的问题和不足；（5）改进措施。

4. 针对总结评估提出的问题，制定整改措施，对需长时间才能完成的要列入工作计划，并由安监部门监督落实。

评估方法：上一年度及本年度突发事件的预警响应记录、预警评估报告及相关资料。

评分标准：未进行预警启动评估的不得分；预警启动不适当或应启动而未启动的每次扣 3 分；预警信息未上报的每次扣 1 分；未对评估中发现的问题提出有效的整改

措施，每次扣 1 分；扣完为止。

4.2.2.2　应急响应评估调查

【标准原文】

建设内容：

1. 应急响应解除后，在规定时间内进行自行评估调查。

2. 完成评估调查报告，评估报告的内容主要包括：（1）灾害（灾难）概况；（2）电网影响情况；（3）应急启动及响应情况；（4）应急处置及电网抢修恢复情况；（5）取得的经验、存在的问题和不足；（6）改进措施。

3. 评估报告应经单位领导审核后及时上报上级主管部门。

4. 评估报告应重点对应急处置过程中发现的薄弱环节进行评估；对应急响应各阶段应急处置的正确性，预案的科学合理性，相关防范措施落实情况进行评估。

评估方法：现场勘查、查阅相关文字、音像资料和数据信息、询问有关人员等。

评分标准：未对应急处置过程进行评估，每次扣 2 分；重要的总结评估报告未经专家审核，每次扣 2 分；未及时上报，每次扣 2 分；未针对总结评估提出的问题制定整改措施，每次扣 2 分；扣完为止。

【释义】

本条文对应急响应评估调查及评估报告的内容作出了规定。

支撑资料：突发事件处置总结评估报告中应对应急响应评估部分等资料。

【典型问题分析】

典型问题：未对应急处置过程进行评估；重要的总结评估报告未经专家审核；未针对总结评估提出的问题制定整改措施。

成因分析：应急响应评估调查职责不明确，日常管理不规范。

4.2.2.3 应急预案执行

【标准原文】

建设内容：

1. 启动应急响应是否按预案要求执行；

2. 响应行动措施是否按预案执行；

3. 收集及报送内容、程序等是否符合预案要求。

评估方法：查看相关事件处置记录，视情况考问相关人员。

评分标准：启动应急响应未按预案要求执行，每次扣2分；应急响应级别确定不符合预案要求，每次扣2分；应急响应行动措施未按预案执行，发现一处扣1分；信息收集及报送内容、程序等不符合预案要求，发现一处扣2分；扣完为止。

【释义】

本条文对应急响应过程是否按预案要求执行作出了规定。

依据《国家电网有限公司应急预案管理办法》[国网（安监/3）484—2019]

第三十八条 突发事件应急处置结束后，由公司总部应急管理归口部门或发生该突发事件的省级公司，组织对突发事件应急处置涉及的相关应急预案进行评估调查，并根据相关规定，对所涉及应急预案的准确性、有效性和执行情况进行考核。

支撑资料：突发事件处置总结评估报告中应对应急预案执行情况进行评估部分等资料。

【典型问题分析】

典型问题：启动应急响应未按预案要求执行；应急响应级别确定不符合预案要求；应急响应行动措施未按预案执行；信息收集及报送内容、程序等不符合预案要求。

成因分析：对应急预案应急响应级别、行动措施、信息收集及报送内容、程序不熟悉，职责不明确。

4.2.2.4 落实整改

【标准原文】

建设内容：根据总结评估提出的应急预案、抢修策略等方面的整改措施进行落实，短期内不能完成的整改内容应列入整改计划。

评估方法：查阅整改计划与落实情况。

评分标准：整改措施未落实或未制定整改计划不得分；措施不合理每项扣 2 分；措施不落实每项扣 2 分；扣完为止。

【释义】

本条文对总结评估提出的应急预案、抢修策略等方面的整改措施的落实作出了规定。依据《国家电网有限公司安全事故整改后评估管理办法》[国网（安监/3）1019—2020]：

第十九条 事故（事件）发生单位应依据后评估报告的要求，建立健全后评估发现问题的闭环整改机制，定期向后评估工作组织单位汇报整改工作完成情况。后评估工作组织单位应做好跟踪督办。

支撑资料：对突发事件处置总结评估报告中提出的问题列出整改措施和整改计划，并提供整改措施落实的资料。

【典型问题分析】

典型问题：整改措施未落实或未制定整改计划；措施不合理；措施不落实。

成因分析：整改计划和整改措施职责不明确，日常管理不规范。

4.3 恢复重建

【释义】

恢复重建包括重建被毁设施设备、重新规划和建设。

4.3.1 重建被毁设施设备

【标准原文】

建设内容：根据设备、设施受损情况，对短期内无法恢复的，制定临时过渡措施和整改措施计划，针对存在的设备、设施隐患，落实资金及工作时间进度，保证系统安全。

评估方法：查阅相关报告及记录等。

评分标准：未针对短期内无法恢复的设备设施制订临时过渡措施和整改计划的每次扣 3 分，扣完为止。

【释义】

本条文对被毁设施设备的重建作出了规定。

依据《国家电网有限公司应急工作管理规定》[国网（安监/2）483—2019]

第六十七条　事后恢复与重建工作结束后，事发单位应当及时做好设备、资金的划拨和结算工作。

支撑资料：针对短期内无法恢复的设备设施制订的临时过渡措施及整改计划等资料。

【典型问题分析】

典型问题：未针对短期内无法恢复的设备设施制订临时过渡措施和整改计划。

成因分析：对重建被毁设施设备职责不明确。

4.3.2 重新规划和建设

【标准原文】

建设内容：结合事故调查分析结果，查找运行方式不合理、设计理念不科学、管理手段不合理等问题，重新修改工作规划，提出电网规划建议，制定改造和改进方案。

评估方法：查阅相关报告及记录等。

评分标准：未针对事故调查分析结果，重新修改电网及工作规划，制定改造和改进方案的每次扣 1 分；扣完为止。

【释义】

本条文对发生事故后重新修改电网及工作规划作出了规定。

依据《国家电网有限公司应急工作管理规定》[国网（安监/2）483—2019]：

第六十六条 公司恢复重建要与电网防灾减灾、技术改造相结合，坚持统一领导、科学规划，按照公司相关规定组织实施，持续提升防灾抗灾能力。

支撑资料：电网及工作规划、改造和改进方案等。

【典型问题分析】

典型问题：未针对事故调查分析结果，重新修改电网及工作规划，制定改造和改进方案。

成因分析：对事故调查分析报告不重视，不能有效利用分析结果。

第三部分　应急能力建设评估表（动态部分）释义

1 访　　谈

【标准原文】

评估内容：

对本岗位应急工作职责的了解程度。

对总体（综合）预案和大面积停电事件等专项预案内容的了解程度。

评分标准：

对本岗位应急工作职责的了解程度：熟悉 4～5 分、一般熟悉 2～3 分、不熟悉 0～1 分。

对总体（综合）预案和大面积停电事件等专项预案内容的了解程度：熟悉 4～5 分、一般熟悉 2～3 分、不熟悉 0～1 分。

评估对象：应急管理第一责任人、分管负责人。

【释义】

（1）访谈对象范围的确定：按照《电力企业应急能力建设评估管理办法》（国能发安全〔2020〕66 号）第十条以及《电网企业应急能力建设评估规范》（DL/T 1920—2018）5.3.2 条的要求，访谈评估主要面向应急管理第一责任人、分管负责人。一般抽取供电公司主要负责人（总经理）、生产副总（总工、副总工程师）作为访谈对象，重点考察其对本岗位应急工作职责的了解程度，对总体（综合）预案和大面积停电事件等专项预案内容的了解程度。

（2）访谈模式及内容确定：按照《电力企业应急能力建设评估管理办法》（国能发安全〔2020〕66 号）第十条以及《电网企业应急能力建设评估规范》（DL/T 1920—2018）5.3.2 条的要求，编制应急能力评估访谈题库，访谈时根据岗位进行提问。

主要负责人（总经理）的访谈，主要针对其岗位应急工作职责、应急投入、应急组织机构和人员配置情况、本单位总体（综合）预案和大面积停电事件等专项预案内容的了解程度进行访谈。

考核要点：贯彻落实国家应急管理法律法规、方针政策及标准体系；贯彻落实公司及地方政府和有关部门应急管理规章制度；接受上级应急领导小组和地方政府应急指挥机构的领导；研究本企业重大应急决策和部署；研究建立和完善本企业应急体系；统一领导和指挥本企业应急处置实施工作。对本单位应急投入掌握情况；应急投入是否满足应急处置需要。建立由各级应急领导小组及其办事机构组成的自上而下的应急领导体系；由安全监察部门归口管理、各职能部门分工负责的应急管理体系；突发事件类别和影响程度，成立专项事件应急处置领导机构（临时机构）。形成领导小组决策指挥、办事机构牵头组织、有关部门分工落实、党政工团协助配合、企业上下全员参与的应急组织体系，实现应急管理工作的常态化。

分管负责人（生产副总、总工、副总工程师）的访谈，主要针对本岗位应急工作职责，处置突发事件时应急领导小组的主要工作任务，负责牵头指挥专项预案，应急救援抢修保障，应急队伍情况，与政府的预案衔接、联系方式及大面积停电应急处置工作流程，应急预案管理要求，近3年系统内突发事件及处置情况等。

依据《中华人民共和国安全生产法》（国家主席令〔2021〕第88号）：

第十八条 生产经营单位的主要负责人对本单位安全生产工作负有下列职责：

（六）组织制定并实施本单位的生产安全事故应急救援预案。

依据《生产安全事故应急预案管理办法》（应急管理部令〔2019〕第2号）：

第五条 生产经营单位主要负责人负责组织编制和实施本单位的应急预案，并对应急预案的真实性和实用性负责；各分管负责人应当按照职责分工落实应急预案规定的职责。

依据《国家电网有限公司应急工作管理规定》[国网（安监2）483—2019]：

第六条 公司建立由各级应急领导小组及其办事机构组成的，自上而下的应急领导体系；由安全监察部门归口管理、各职能部门分工负责的应急管理体系；根据突发事件类别，成立大面积停电、地震、设备设施损坏、雨雪冰冻、台风、防汛、网络安全等专项事件应急处置领导机构。形成领导小组统一领导、专项事件应急处置领导小组分工负责、办事机构牵头组织、有关部门分工落实、党政工团协助配合、企业上下全员参与的应急组织体系，实现应急管理工作的常态化。

第十六条 公司各单位应急领导小组主要职责：贯彻落实国家应急管理法律法

规、方针政策及标准体系；贯彻落实公司及地方政府和有关部门应急管理规章制度；接受上级应急领导小组和地方政府应急指挥机构的领导；研究本单位重大应急决策和部署；研究建立和完善本单位应急体系；统一领导和指挥本单位应急处置实施工作。

【典型问题分析】

典型问题：访谈对象对本岗位应急工作职责不熟悉；对本单位总体预案内容不了解；对大面积停电事件等专项预案的内容掌握不全面；对处置突发事件时应急领导小组的主要工作以及突发事件应急响应流程等掌握不够。

成因分析：日常工作中缺乏对岗位应急职责、应急预案内容等的学习与培训。

2 考 问

评估内容：

对本岗位应急工作职责的掌握程度。

对相关专项应急预案及现场处置方案内容的掌握程度。

对国家相关法律法规、电力监管机构相关规定、地方政府法规和有关规定、企业相关规定、标准的了解程度。

对应急技能和应急装备使用情况的熟悉程度。

评分标准：

对本岗位应急工作职责的掌握程度：熟悉 3 分、一般熟悉 2 分、不熟悉 0～1 分。

对相关专项应急预案及现场处置方案内容的掌握程度：熟悉 4 分、一般熟悉 2～3 分、不熟悉 0～1 分。

对国家相关法律法规、电力监管机构相关规定、地方政府法规和有关规定、企业相关规定、标准的了解程度：熟悉 4 分、一般熟悉 2～3 分、不熟悉 0～1 分。

对应急技能和应急装备使用情况的熟悉程度：熟悉 4 分、一般熟悉 2～3 分、不熟悉 0～1 分。

评估对象：部门负责人、管理人员、一线员工。

【释义】

（1）考问对象范围确定：按照《电力企业应急能力建设评估管理办法》（国能发安全〔2020〕66 号）第十条以及《电网企业应急能力建设评估规范》（DL/T 1920—2018）5.3.3 条的要求，根据供电企业实际情况，确定考问对象范围。考问对象主要是针对应急领导小组、应急办成员部门及基层单位的应急管理人员、一线员工等，选取一定比例的部门负责人、管理人员、一线员工进行提问、询问。

（2）考问模式及内容确定：按照《电力企业应急能力建设评估管理办法》（国能发安全〔2020〕66 号）第十条以及《电网企业应急能力建设评估规范》（DL/T 1920—2018）5.3.3 条的要求，按岗位职责分别编制应急能力评估考问题库，考问时根据岗位进行提问。

主要评估应急领导小组、应急办成员部门及基层单位的应急管理人员、一线员工等对本岗位应急工作职责、相关预案、相关法律法规及标准、规定，应急技能和装备使用情况等的掌握程度。

针对供电公司应急领导小组成员单位，如办公室、安监部、运检部、营销部、调控中心等部门负责人、管理人员的考问，考问的重点内容主要包括：本岗位应急工作职责、专项预案编制及评审的责任主体、部门牵头管理的预案类别和内容、大面积停电事件应急响应分级及启动条件、针对上级单位预警本部门的应对措施等。

针对输电、变电、配电等基层单位的管理人员及一线员工，考问的主要内容举例如下：

（1）配电专业

事件概况：某星期日晚 20 时许，一组配电抢修人员抢修工作出发途中，发生交通事故。

提问 1：请问你工区是如何及时获得事件信息的？接到信息后怎么办？

考核要点：工区的双休日值班体系运转正常否，能否及时接收本工区的事件信息，有关人员能否及时到位；工区应对交通事故的措施是否符合规定，是否又派出其他人员接替前述抢修工作。

提问 2：事故造成一名员工受伤昏迷，请问你工区接到此信息后怎么办？

考核要点：工区应对人身伤亡的应对措施是否符合规定，事故现场与后方如何协同，与本单位其他部门如何协同。

提问 3：受伤员工送达医院后，经诊断需要手术，但是与家属联系不上，请问你工区如何应对？

考核要点：工区应对上述情形的措施是否符合规定。

提问 4：请对本工区的这次应急处置进行总结评估。

考核要点：对照本单位交通事故、人身伤亡事件应急预案，从应急准备、信息报告、应急处置等方面小结。

（2）输电运检专业

事件概况：×月×日，你工区负责运维的 220kV 输电线路因山火发生跳闸。

提问 1：请问你工区是如何及时获得事件信息的？

考核要点：输电工区事故信息接收、传递渠道是否畅通、职责是否明确，本地区山火易发季节是否有加强输电线路山火防范的工作措施。

提问2：请问你工区接到此信息后怎么办？请问你工区应采取哪些应对措施？

考核要点：有关人员能否及时到位，信息报送是否及时，应对山火的措施是否有效。

提问3：处置山火发生后与地方政府哪些部门、单位沟通联系？

考核要点：工区应对山火需要协调联动的政府及地方相关单位，是否有快速联系通道。

提问4：请对本工区的这次应急处置进行总结评估。

考核要点：对照本单位山火应急预案，从应急准备、信息报告、应急处置等方面小结。

（3）变电运检专业

事件概况：×月×日，110kV××变电站10kV一母线TV爆炸，一母线停运，影响多条10kV线路停电，停电负荷达3万kW，变电站内有两名运行人员正在例行巡视中。

提问1：请问你工区是如何及时获得事件信息的？请问你工区接到此信息后怎么办？

考核要点：设备故障信息的获取及信息传递、信息报送渠道是否畅通、职责是否明确，主要向哪些上级部门报送信息，报送信息的内容主要有哪些。

提问2：请问你工区应采取哪些措施？

考核要点：事故处置是否关注员工人身安全、关注电网快速恢复、关注对用户的影响，应对措施是否得当。

提问3：如现场发现员工受伤该怎么办？

考核要点：如员工自救与互救、向120求援、向上级报告、事故调查等机制是否健全。

提问4：本次应急处置需协调和调配的资源有哪些？

考核要点：针对电网处置及用户快速恢复供电，需要与调度等专业部门配合；设备抢修若缺少备品备件需要与物资部门联系；需要掌握停电影响区域的用户情况，有重点地恢复重要用户的电力供应，考核对上述情况的应对措施是否符合规定。

提问5：请对本工区的这次应急处置进行简要的总结评估。

考核要点：对照本单位设备设施损坏专项应急预案，从应急准备、信息报告、应急处置等方面进行总结。

【典型问题分析】

典型问题：部分部门负责人、管理人员对本部门应急职责、应急预案掌握不全面；部分班组负责人对应急预案及处置方案编制、培训、演练以及演练总结评估等知识掌握不全面。

成因分析：相关人员应急管理相关知识以及应急技能的培训和学习不足。

3 考　试

【标准原文】

评估内容：应急预案内容；国家相关法律法规、电力监管机构相关规定、各级政府地方法规有关规定、本企业相关规定、标准。应急管理基本常识与技能；应急救援抢修基本常识与技能；电力生产、电网运行和电力安全知识。

评分标准：选取一定数量的管理人员、一线员工组织考试，人员覆盖相关部门、机构、班组。考试成绩计算方法：得分=标准分×考试平均分%。另外，再明确各项分指标的平均分。

评估对象：管理人员、一线员工。

【释义】

（1）考试对象范围确定：按照《电力企业应急能力建设评估管理办法》（国能发安全〔2020〕66号）第十条以及《电网企业应急能力建设评估规范》（DL/T 1920—2018）5.3.4条的要求，根据供电企业岗位设置的实际情况，确定考试对象范围，选取一定比例的管理人员、一线员工进行答题考试，主要评估其对应急管理应知应会内容的掌握程度。评估实施过程中，参加考试人员的一般从安监部、运检部、营销部、发展部、物资中心、调控中心、变电运检中心、输电运检中心、供电所等部门和单位的管理人员、一线员工按5%～10%比例抽取（如果被评估单位人员充足，也可以固定选取40人，管理人员和一线员工各20人）。

（2）考试模式及内容确定：按照国家能源局《电网企业应急能力建设评估规范》（DL/T 1920—2018）的要求，收集应急相关法律法规、标准规范，根据供电企业实际情况，编制应急能力评估考试题库，包括单选、多选、判断、简答等题型。

1）应急预案内容：包括国家、地方政府、国网公司及上级单位相关应急预案的内容。

2）国家相关法律法规、电力监管机构相关规定、各级政府地方法规有关规定、本企业相关规定、标准，重点考察以下内容：《中华人民共和国突发事件应对法》《中华人民共和国电力法》《中华人民共和国安全生产法》《突发公共卫生事件应急条例》《电力监管条例》《生产安全事故报告和调查处理条例》《电力安全事故应急处置和调查处理条例》《生产安全事故应急条例》《电力安全生产监督管理办法》《生产安全事故应急预案管理办法》《国务院办公厅关于印发国家大面积停电事件应急预案的通知》《国家突发公共事件总体应急预案》《电力企业应急能力建设评估管理办法》《电力突发事件应急演练导则（试行）》《电力企业应急预案管理办法》《电力企业应急预案管理办法》《电力企业应急预案评审和备案细则》《电力系统安全稳定导则》《生产经营单位生产安全事故应急预案编制导则》《生产安全事故应急演练基本规范》《生产安全事故应急演练评估规范》《生产安全事故应急演练指南》《电力应急指挥中心技术导则》《电网企业应急能力建设评估规范》《电网企业应急预案编制导则》《电网企业应急演练导则》《国家电网公司应急预案体系框架方案》《国家电网公司关于强化本质安全的决定》《国家电网公司应急队伍管理规定（试行）》《国家电网有限公司应急工作管理规定》《国家电网有限公司应急预案管理办法》《国家电网有限公司应急预案评审管理办法》《国家电网公司应急救援基干分队管理规定》《国家电网有限公司预警工作规则》《国家电网有限公司电力突发事件应急响应工作规则》《国家电网公司应急物资储备实施方案》《国家电网有限公司应急物资管理办法》《国家电网有限公司应急指挥中心建设规范》《国家电网公司供电企业应急能力评估标准》《国家电网公司差异化设计导则》《国家电网有限公司应急预案编制规范》《电力突发事件风险评估与应急资源调查工作规范》等。

3）应急救援、抢修的基本常识与技能。

4）电力生产、电网运行和电力安全管理相关知识等。

【典型问题分析】

典型问题：部分管理人员和一线员工对与应急有关的国家有关法律法规、标准，电力监管机构相关规定不熟悉；对国网公司、省公司以及本单位的相关规定、管理标准、工作标准、技术标准了解不全面；对本单位总体应急预案、各专业对相关专项预案的内容和应知应会的应急技能知识掌握不全面；个别部门的管理人员对应急工作不重视。

成因分析：相关人员对应急相关法律法规、应急救援抢修基本常识与技能等学习与培训不足，知识掌握不够；相关单位未组织对员工开展应急相关法律法规、应急救援抢修基本常识与技能的培训与学习。

4 桌 面 演 练

4.1 监测预警

【标准原文】

评估内容：

1. 按预案要求发布预警通知，预警发布流程规范；

2. 对事态的发展进行持续监测；

3. 相关人员按要求到岗到位；

4. 落实各项预警措施；

5. 按要求向上级单位和受影响区域地方政府报告，并视情通知重要用户；

6. 预警调整与解除得当。

评分标准：未按要求发布预警通知不得分；预警发布流程不规范扣 2 分；未对事

态进行持续监测扣 1 分；相关人员未按要求到岗到位扣 2 分；预警措施针对性不强，每处扣 1 分；未及时向上级单位及地方政府报告，并通知重要用户扣 2 分；预警调整与解除不规范扣 1 分；扣完为止。

【释义】

本条内容对桌面演练中监测预警这一环节的评估内容提出了具体的要求，规定了预警通知的发布要符合预案的要求，预警发布的流程要规范；在监测预警阶段应当对事态的发展进行持续监测以便应急领导小组能根据事态发展变化情况及时做出反应；相关人员要按要求到岗到位；要落实各项预警措施；应按要求向上级单位和受影响区域地方政府报告，并视情况通知重要用户；要根据事态发展变化情况适时进行预警调整或解除。

依据《国家电网有限公司预警工作规则》[国网（安监/3）1105—2022]、《国家电网有限公司突发事件总体（综合）应急预案》3 监测与预警和《国家电网有限公司应急工作管理规定》[国网（安监2）483—2019] 第五章 监测与预警 第四十九条：公司各单位应及时汇总分析突发事件风险，对发生突发事件的可能性及其可能造成的影响进行分析、评估，并不断完善突发事件监测网络功能，依托各级行政、生产、调度值班和应急管理组织机构，及时获取和快速报送相关信息。

【典型问题分析】

典型问题：未按要求发布预警通知；预警发布流程不规范；未对事态进行持续监测；相关人员未按要求到岗到位；预警措施针对性不强；未及时向上级单位及地方政府报告，并通知重要用户；预警调整与解除不规范。

成因分析：桌面演练参演人员对监测预警工作流程不熟悉。

4.2 先期处置

【标准原文】

评估内容：

1. 发生突发事件现场人员第一时间进行先期处置；

2. 先期处置应对措施全面、得当。

评分标准：未进行先期处置不得分；先期处置阶段的应对措施不全面或不得当，

每处扣 2 分；扣完为止。

【释义】

本条对事发后现场人员的先期处置提出了要求，突发事件发生后现场人员应第一时间进行先期处置，先期处置的应对措施要全面、得当，力争第一时间将事故消灭在萌芽状态。

依据《国家电网有限公司应急工作管理规定》[国网（安监 2）483—2019]：

第五十六条 发生突发事件，事发单位首先要做好先期处置，立即启动生产安全事故应急救援预案，采取下列一项或者多项应急救援措施，并根据相关规定，及时向上级和所在地人民政府及有关部门报告。

依据《国家电网有限公司突发事件总体（综合）应急预案》：

4.1 先期处置

突发事件发生后，事发单位在做好信息报告的同时，立即开展先期处置，采取下列一项或者多项应急措施：

（1）立即组织应急救援队伍和工作人员营救受伤害人员；根据事故危害程度，疏散、撤离、安置、隔离受到威胁的人员，及时通知可能受到影响的单位和人员；

（2）调整电网运行方式，通过其他线路转供等方式，尽快恢复供电；遇有电网瓦解极端情况时，应立即按照电网黑启动方案进行电网恢复工作；

（3）立即采取切断电源、封堵、隔离故障设备等措施，避免事故危害扩大；组织勘查现场，制定针对性抢险措施，做好安全防护，全力控制事件发展；

（4）控制危险源，标明危险区域，封锁危险场所，防止次生、衍生灾害发生；

（5）维护事故现场秩序，保护事故现场和相关证据；

（6）如引发社会安全事件，要迅速派出负责人赶赴现场开展劝解、疏导工作；

（7）法律法规、国家有关制度标准、公司相关预案及规章制度规定的其他应急救援措施。

【典型问题分析】

典型问题：未进行先期处置；先期处置阶段的应对措施不全面或不得当。

成因分析：桌面演练中先期处置的人员对相关工作不熟悉，无法正确开展事件先期处置，相关预案的培训演练不足。

4.3 响应启动

评估内容：

1. 按预案要求启动相应级别的应急响应，启动流程规范；

2. 按预案要求将启动应急响应有关情况报告上级单位或地方政府有关部门。

评分标准：未按要求启动应急响应不得分；启动应急响应的级别不正确扣 2 分；未按要求报告上级单位或地方政府扣 2 分。

【释义】

本条规定要求按照所推演预案的要求来启动应急响应，应急响应的级别应正确，流程应规范；应急响应启动后要按照预案的要求将启动应急响应有关情况报告上级单位或地方政府有关部门。

依据《国家电网有限公司电力突发事件应急响应工作规则》［国网（安监/3）1106—2022］、《国家电网有限公司突发事件总体（综合）应急预案》4.2 响应启动和《国家电网有限公司应急工作管理规定》［国网（安监 2）483—2019］第五十七条：根据突发事件性质、级别，按照"分级响应"要求，总部、相关分部，以及相关单位分别启动相应级别应急响应措施，组织开展突发事件应急处置与救援。

【典型问题分析】

典型问题：未按要求启动应急响应；启动应急响应的级别不正确；未按要求报告上级单位或地方政府。

成因分析：桌面演练的相关人员对应急响应启动的相关工作流程不熟悉，相关预案培训演练不足。

4.4 指挥协调

【标准原文】

评估内容：

1. 按预案要求成立应急指挥部，启用应急指挥中心，并开展应急值班；

2. 根据事态发展及时组织进行应急会商、协调应急资源。

评分标准：未按要求成立应急指挥部不得分；未按要求启用应急指挥中心并开展应急值班不得分；未按要求组织开展应急会商扣 2 分；未及时协调应急资源扣 2 分。

【释义】

本条内容对桌面演练中指挥协调这一环节的评估内容提出了具体的要求，在指挥协调阶段应按预案要求成立应急指挥部，启用应急指挥中心，并开展应急值班；应根据事态发展及时组织进行应急会商、协调应急资源。

依据《国家电网有限公司应急工作管理规定》[国网（安监 2）483—2019]：

第五十八条 发生重大及以上突发事件，专项事件应急处置领导小组协调指导事发单位开展事件处置工作；较大及以下突发事件，由事发单位负责处置，总部专项事件应急处置领导小组办公室跟踪事态发展，做好相关协调工作。专项事件应急处置领导小组要将突发事件处置情况汇报应急领导小组。如发生复杂次生衍生事件，公司应急领导小组可根据突发事件处置需要直接决策，或授权专项事件应急处置领导小组处置指挥。事件发生后，有关单位认为有必要的，可设立由事故发生单位负责人、相关单位负责人及上级单位相关人员、应急专家、应急队伍负责人等人员组成的应急救援现场指挥部，并指定现场指挥部总指挥。现场指挥部实行总指挥负责制，按照授权制定并实施现场应急救援方案，指挥、协调现场有关单位和个人开展应急救援；参加应急救援的单位和个人应当服从现场指挥部的统一指挥。现场指挥部应完整、准确地记录应急救援的重要事项，妥善保存相关原始资料和证据。

第五十九条 事发单位不能消除或有效控制突发事件引起的严重危害，应在采取处置措施的同时，启动应急救援协调联动机制，及时报告上级单位协调支援，根据需要，请求国家和地方政府启动社会应急机制，组织开展应急救援与处置工作。在应急救援和抢险过程中，发现可能直接危及应急救援人员生命安全的紧急情况时，应当立即采取相应措施消除隐患，降低或者化解风险，必要时可以暂时撤离应急救援人员。

第六十条 公司各单位应切实履行社会责任，服从政府统一指挥，积极参加国家各类突发事件应急救援，提供抢险和应急救援所需电力支持，优先为政府抢险救援及指挥、灾民安置、医疗救助等重要场所提供电力保障。

依据《国家电网有限公司突发事件总体（综合）应急预案》：

4.3 指挥协调

4.3.1 初判发生特别重大突发事件，总部应重点开展以下工作：

（1）公司专项应急领导小组研究启动Ⅰ级应急响应，成立应急指挥部，协调、组织、指导处置工作，并将处置情况汇报公司应急领导小组；

（2）启用公司应急指挥中心，召开首次会商会议，就有关重大应急问题做出决策和部署；

（3）开展24h应急值班，做好信息汇总和报送工作；

（4）总指挥负责在总部指挥决策；委派相关副总指挥作为现场工作组组长带队赴事发现场指导处置工作；

（5）对事发单位做出处置指示，责成有关部门立即采取相应应急措施，按照处置原则和部门职责开展应急处置工作；

（6）与政府职能部门联系沟通，做好信息发布及舆论引导工作；

（7）跨省跨区域调集应急队伍和抢险物资，协调解决应急通信、医疗卫生、后勤支援、电力通用航空应急等方面问题；

（8）必要时请求政府部门支援。

4.3.2　初判发生重大突发事件，总部应重点开展以下工作：

（1）专项应急领导小组研究启动Ⅱ级应急响应，成立应急指挥部，协调、组织、指导处置工作，并将处置情况汇报公司应急领导小组；

（2）启用公司应急指挥中心，召开首次会商会议，就有关重大应急问题做出决策和部署；

（3）开展24h应急值班，做好信息汇总和报送工作；

（4）总指挥负责在总部指挥决策；必要时委派相关副总指挥作为现场工作组组长带队赴事发现场指导处置工作。

4.3.3　初判发生较大突发事件，由事发单位负责处置，总部应重点开展以下工作：

（1）专项应急领导小组研究启动Ⅲ级应急响应，指导协调处置工作，并将处置情况汇报公司应急领导小组；

（2）事件处置牵头负责部门或专项应急办开展应急值守，及时跟踪事件发展情况，收集汇总分析事件信息；其他部门按职责开展应急工作；

（3）总指挥可委托副总指挥在总部指导协调，视情况委派指挥长或部门分管负责人及专家赶赴现场协调指导应急处置。

4.3.4　初判发生一般突发事件，由事发单位负责处置，总部应重点开展以下工作：

（1）专项应急领导小组研究启动Ⅳ级应急响应，指导协调处置工作，并将处置情况汇报公司应急领导小组；

（2）事件处置牵头负责部门或专项应急办开展应急值守，及时跟踪事件发展情况，收集汇总分析事件信息。其他部门按职责开展应急工作；

（3）总指挥可委托指挥长在总部指导协调，视情况委派助理、总师或部门分管负责人及专家赶赴现场协调指导应急处置。

【典型问题分析】

典型问题：未按要求成立应急指挥部；未按要求启用应急指挥中心并开展应急值班；未按要求组织开展应急会商；未及时协调应急资源。

成因分析：桌面演练相关人员对指挥协调处置阶段相关工作不熟悉，相关预案培训演练不足。

4.5　应急救援及现场处置

【标准原文】

评估内容：

1. 应急救援队伍及时奔赴现场；

2. 视情况成立现场指挥部；

3. 立即组织开展现场人员自救互救、疏散、撤离、安置等应急救援工作；

4. 及时制定现场抢修方案，抢修方案需经过专家论证；

5. 现场处置措施全面、得当，符合预案要求。

评分标准：未部署或落实应急救援队伍奔赴现场扣2分；未视情况成立现场指挥部扣2分；未组织开展现场人员自救互救、疏散、撤离等工作扣2分；未制定现场抢修方案并经专家论证扣2分；应急救援及现场处置措施不够全面、得当或与预案不一致，每处扣1分；扣完为止。

【释义】

本条对桌面演练中应急救援及现场处置阶段的演练环节提出了具体要求：应尽快部署应急救援队伍并保证队伍及时奔赴现场，根据现场实际情况成立现场指挥部；应急救援队伍到达现场后应立即组织开展现场人员自救互救、疏散、撤离、安置等应急救援工作；应及时制定现场抢修方案，抢修方案须经过专家论证；现场处置措施应全面、得当，符合预案要求。

依据《国家电网有限公司应急工作管理规定》[国网（安监2）483—2019]：

第五十七条 根据突发事件性质、级别，按照"分级响应"要求，总部、相关分部，以及相关单位分别启动相应级别应急响应措施，组织开展突发事件应急处置与救援。

依据《国家电网有限公司突发事件总体（综合）应急预案》：

4.4 应急救援

4.4.1 发生突发事件时，公司各级应急领导机构根据情况需要，请求国家和地方政府启动社会应急机制，组织开展应急救援与处置工作。

4.4.2 根据国家和地方政府的要求，公司积极参与社会应急救援，保证突发事件抢险和应急救援的电力供应，向政府抢险救援指挥机构、灾民安置点、医院等重要场所提供电力保障。

4.4.3 事发单位视情况启动应急协调联动机制，与公司内部单位以及政府、社会相关部门和单位共同应对突发事件。

【典型问题分析】

典型问题：未部署或落实应急救援队伍奔赴现场；未视情况成立现场指挥部；未组织开展现场人员自救互救、疏散、撤离等工作；未制定现场抢修方案并经专家论证；应急救援及现场处置措施不够全面、得当或与预案不一致。

成因分析：桌面演练相关人员对应急救援及现场处置阶段工作流程不熟悉，相关预案培训演练不足。

4.6 信息报送

【标准原文】

评估内容：

1. 按要求开展应急信息统计；

2. 按要求向上级单位和政府部门进行信息报送。

评分标准：未按要求开展应急信息统计，每处扣1分；未按要求向上级单位进行信息报送扣2分；未按要求向政府部门进行信息报送扣2分。

本条对桌面演练中信息报送阶段应在演练过程体现的内容作出了要求。

依据《国家电网有限公司突发事件总体（综合）应急预案》：

5 信息报告与发布

首先应按要求开展应急信息统计，其次要按要求向上级单位和政府部门进行信息报送。信息统计的数据内容应准确及时，信息报送的内容和流程应符合应急预案的要求。

【典型问题分析】

典型问题：未按要求开展应急信息统计；未按要求向上级单位进行信息报送；未按要求向政府部门进行信息报送。

成因分析：桌面演练相关人员对信息报送阶段工作流程不熟悉，相关预案培训演练不足。

4.7 舆情引导

【标准原文】

评估内容：

1. 按要求开展舆情监测、引导工作；

2. 按程序进行信息发布或新闻发布。

评分标准：舆情监测、引导工作未按照要求正确开展，每处扣1分；未按要求进行信息发布或新闻发布不得分。

【释义】

本条规定了桌面演练中舆情引导阶段应体现的情节，要按要求开展舆情监测、引导工作；按程序进行信息发布或新闻发布。

依据《国家电网有限公司突发事件总体（综合）应急预案》5.2 信息发布和《国家电网有限公司应急工作管理规定》[国网（安监2）483—2019]第六十一条：事发单位应积极开展突发事件舆情分析和引导工作，按照有关要求，及时披露突发事件事态发展、应急处置和救援工作的信息，维护公司品牌形象。

4.8 响应调整与结束

评估内容：按预案要求调整或结束应急响应。

评分标准：未按要求调整或结束应急响应，不得分；发布调整或解除应急响应通知不及时扣 2 分。

4.9 后期处置

【标准原文】

评估内容：

1. 对善后处置、事件调查、处置评估等工作进行安排；

2. 对演练过程进行现场点评。

评分标准：未对善后处置、事件调查、处置评估等工作进行安排扣 2 分；未对演练过程进行现场点评扣 2 分；点评不到位扣 2 分；扣完为止。

【释义】

本条对后期处置阶段的相关演练环节提出了要求。

依据《国家电网有限公司应急工作管理规定》［国网（安监 2）483—2019］：

第七章　事后恢复与重建

首先应对善后处置、事件调查、处置评估等工作进行安排，然后要对演练过程进行现场点评。现场点评是应急预案演练的重要环节，通过现场点评可以发现通过演练暴露出的在应急预案、应急组织、应急人员、应急机制、应急保障等方面存在的问题或不足，提出改进意见或建议，并总结演练中好的做法和主要优点等。现场点评应结合演练实际，选择应急处置工作经验丰富的人员作为点评专家，点评的优缺点均应到位，要实事求是，不要泛泛而谈。

【典型问题分析】

典型问题：未对善后处置、事件调查、处置评估等工作进行安排；未对演练过程进行现场点评；点评不到位。

成因分析：桌面演练相关人员对后期处置阶段工作流程不熟悉，相关预案培训演练不足。

【典型桌面演练评估标准】

大面积停电桌面演练考评表见表 3－1。

表 3－1　　　　　　　　大面积停电桌面演练考评表

演练阶段	考评内容	完成情况	备注
预警阶段			
事件发生	1. 是否启动预警，启动预警后的应对措施是否得当	时间： 全部完成□　部分完成□　未完成□	
	2. 是否有效进行灾害的监测预测	时间： 全部完成□　部分完成□　未完成□	
	3. 应急处置准备是否充分（如：人员、预案、物资、各种保障资源是否能够及时到位和获取）	时间： 全部完成□　部分完成□　未完成□	

演练阶段	考评内容	完成情况	备注
响应阶段			
事件发展局部事态恶化局部事态缓解	1. 接处警 相关部门是否准确、迅速传递信息,信息传递汇总是否渠道畅通、程序规范。是否及时向相关上级部门报告	时间: 全部完成□ 部分完成□ 未完成□	
	2. 先期处置 电网调度及运行人员是否立即隔离故障点,调整运行方式,有序处置电网停电事件。现场是否根据灾情立即组织营救和救治伤亡人员,疏散、安置受灾人员	时间: 全部完成□ 部分完成□ 未完成□	
	3. 应急启动 (1) 专项应急处置办公室是否及时组织研判。是否向应急领导小组提出启动应急响应建议	时间: 全部完成□ 部分完成□ 未完成□	
	(2)启动应急响应是否及时。启动的应急预案、响应级别、应对措施是否适当	时间: 全部完成□ 部分完成□ 未完成□	
	(3)应急启动。应急指挥中心是否及时开通指挥应急处置。应急指挥人员是否到岗到位	时间: 全部完成□ 部分完成□ 未完成□	
	4. 指挥协调—辅助决策 (1) 应急专家是否到位	时间: 全部完成□ 部分完成□ 未完成□	
	(2)指挥协调—辅助决策。现场应急指挥部是否成立并开展工作	时间: 全部完成□ 部分完成□ 未完成□	
	(3)指挥协调—辅助决策。与政府及相关专业部门联系是否及时	时间: 全部完成□ 部分完成□ 未完成□	
	5. 指挥协调—资源调动 (1) 是否迅速集结各专业抢修队伍	时间: 全部完成□ 部分完成□ 未完成□	
	(2) 应急基干救援队伍是否迅速集结	时间: 全部完成□ 部分完成□ 未完成□	
	(3)营销服务队伍、新闻应急队伍是否按职责工作	时间: 全部完成□ 部分完成□ 未完成□	
	(4)应急救援物资是否及时调配并供应。物资部门是否根据需要向协议部门提出支援的需求。是否及时跨区调用或与政府部门联系急需物资支援	时间: 全部完成□ 部分完成□ 未完成□	
	(5)后勤保障体系是否及时向灾区及抢险人员提供生活必需品。是否有支援人员后勤保障措施	时间: 全部完成□ 部分完成□ 未完成□	
	6. 事件处置—应急救援 (1) 应急基干救援队伍是否完成现场勘察、搭建现场指挥部	时间: 全部完成□ 部分完成□ 未完成□	
	(2)应急基干救援队伍是否完成应急供电,回传现场信息	时间: 全部完成□ 部分完成□ 未完成□	

演练阶段	考评内容	完成情况	备注
事件发展 局部事态恶 化局部事态 缓解	7. 事件处置－现场处置 （1）现场指挥部是否制定合理高效的抢修方案并经专家论证后进行处置	时间： 全部完成□ 部分完成□ 未完成□	
	（2）是否做好现场安全措施，保证抢修现场人员安全	时间： 全部完成□ 部分完成□ 未完成□	
	（3）是否采取防止发生次生、衍生事件的必要措施。是否标明危险区域，封锁危险场所，划定警戒区，实行交通管制及其他控制措施	时间： 全部完成□ 部分完成□ 未完成□	
	（4）针对不断恶化的事态变化，是否有效运用内外协调联运机制，与政府、相关专业部门和跨区电网企业主动联系	时间： 全部完成□ 部分完成□ 未完成□	
	8. 事件处置－损失统计 事发单位是否明确事件信息统计部门和人员，明确事件统计信息报告的格式和内容	时间： 全部完成□ 部分完成□ 未完成□	
	9. 事件处置－信息报送 事发单位及相关管理部门是否明确信息报送责任。信息报送内容是否满足应急处置需求。是否及时准确分级、分专业向主管部门汇报信息	时间： 全部完成□ 部分完成□ 未完成□	
	10. 事件处置－信息采集交换 （1）是否迅速建立应急通信系统，完成与各级应急指挥中心通信联系，完成与救援抢修现场与政府等相关部门的通信联系	时间： 全部完成□ 部分完成□ 未完成□	
	（2）是否及时检查相关网络、通信系统的运行状态，及时维护和修复故障	时间： 全部完成□ 部分完成□ 未完成□	
	11. 舆情引导 （1）突发事件发生后专业部门是否监控媒体对事件的报道，及时发现负面信息并逐级汇报	时间： 全部完成□ 部分完成□ 未完成□	
	（2）突发事件发生后是否确定新闻应急负责人、新闻发言人，启动新闻应急响应，相关人员到位	时间： 全部完成□ 部分完成□ 未完成□	
	12. 信息发布 （1）是否在30min内通过微博等形式向公众发布第一条应对信息。是否跟踪进行媒体接触和公众调查，并根据应急处置的过程不同分阶段进行信息发布，通知事件处置进展情况	时间： 全部完成□ 部分完成□ 未完成□	
	（2）信息报道及信息发布的执行途径和批准流程按国网统一规范	时间： 全部完成□ 部分完成□ 未完成□	
	（3）信息发布的内容是否基本满足公众对关注信息的知情权。是否及时准确地按照有关规定向社会发布可能受到的影响和危害，宣传避免、减轻危害的常识，公布咨询电话	时间： 全部完成□ 部分完成□ 未完成□	
响应结束			

演练阶段	考评内容	完成情况	备注
总体事态 平稳	1. 是否及时终止应急响应 　是否及时发布解除应急响应通知。是否组织损失统计分析和总结评估，并及时向公众发布并上级主管部门及相关机构报告	时间： 全部完成□　部分完成□　未完成□	
	2. 是否制定转入正常生产抢修状态后的恢复工作方案及灾后重建计划	时间： 全部完成□　部分完成□　未完成□	
	3. 做好灾后恢复重建过程中的用户的安全供电及优质服务、员工的心理及生活救助等后续工作。是否组织保险理赔等工作	时间： 全部完成□　部分完成□　未完成□	
总分			

5 现 场 演 练

【释义】

现场演练采用实战模式，依据《生产安全事故应急演练基本规范》（AQ/T 9007—2019）、《电网企业应急演练导则》（DL/T 2522—2022）要求，实战演练针对事故情景，选择（或模拟）生产经营活动中的设备、设施、装置或场所，利用各类应急器材、装备、物资，通过决策行动、实际操作，完成真实应急响应的过程。贴合现场处置方案内容，符合处置方案汇报程序。实战应急演练实施基本流程包括计划、准备、实施、评估总结、持续改进五个阶段。

根据电网企业实际，主要参演项目包括变电站水灾演练、低压触电演练、高压触电演练、输电线路运行人员意外摔伤演练、重要客户保供电演练、建筑物火灾人员紧急疏散演练、六氟化硫设备泄漏造成人员中毒事故处置应急演练、地震逃生与疏散现场处置方案演练、大型社区突发停电事件应急供电处置演练、变电站电缆沟道突发火灾演练、变电站主变突发火灾演练、配电变压器突发火灾演练、野外线路抢修现场指挥部搭建演练、城市内涝应急处置演练等。

通过对供电公司现场演练调研、考察，低压触电急救演练、变电站水灾现场应急处置演练频次高，其他现场处置演练资料较少，反映出日常的应急演练科目单一化，不能有效检验和覆盖全部预案。

5.1 演练准备

【标准原文】

评估内容：

1. 参演人员分工明确、职责清晰，数量应满足演练要求；

2. 演练使用的安全工器具、材料、设备设施应合格、齐全；

3. 演练前进行风险告知，制定防范措施。

评分标准：参演人员分工不明确、职责不清晰，每处扣 2 分；人员数量不足、"两穿一戴"不规范，携带的安全工器具、材料、设备设施不齐全，每发现一处扣 2 分；

演练前未进行风险告知扣 2 分；未制定防范措施扣 2 分，措施内容不全面，每项扣 2 分；扣完为止。

【释义】

依据《生产安全事故应急演练基本规范》（AQ/T 9007—2019）：

6.3　工作保障

根据演练工作需要，做好演练的组织与实施需要相关保障条件。保障条件主要内容：

a）人员保障：按照演练方案和有关要求，确定演练总指挥、策划导调、宣传、保障、评估、参演人员；参加演练活动，必要时设置替补人员；

b）经费保障：明确演练工作经费及承担单位；

c）物资和器材保障：明确各参演单位所准备的演练物资和器材；

d）场地保障：根据演练方式和内容，选择合适的演练场地；演练场地应满足演练活动需要，应尽量避免影响企业和公众正常生产、生活。

e）安全保障：采取必要安全防护措施，确保参演、观摩人员以及生产运行系统安全；

f）通信保障：采用多种公用或专用通信系统，保证演练通信信息通畅；

g）其他保障：提供其他保障措施。

7.1　现场检查

确认演练所需的工具、设备、设施、技术资料以及参演人员到位。对应急演练安全设备、设施进行检查确认，确保安全保障方案可行，所有设备、设施完好，电力、通信系统正常。

根据标准，重点评估以下内容：

（1）查看现场演练方案，现场观摩演练过程，参演人员分工明确、职责清晰，人员数量满足现场处置演练要求，现场处置方案主要联系人员参与情况。

（2）现场查看携带的安全工器具、材料、设备设施存放、使用情况，存放地点应满足要求，安全工器具、电动工器具外观检查应合格，并按规定进行了试验，合格证应齐全，观察"两穿一戴"规范性和安全工器具使用规范性，是否存在违章情况。

（3）现场观摩准备阶段，演练前进行风险告知，制定全面防范措施。

典型问题：处置演练现场存在安全工器具使用不规范、检验超期等各种违章行为。

成因分析：演练中暴露出日常工作中的习惯性违章和工器具管理不规范等问题，实际应急处置过程中极易造成次生和衍生伤害。

5.2 先期处置

【标准原文】

评估内容：

1. 根据现场情况进行研判，确定事件的严重程度，采取有效措施，控制事态发展；

2. 采取的处置措施科学、合理、有效，应与现场处置方案、应急处置卡一致。

评分标准：未研判事件严重程度扣 2 分；未采取措施控制事态发展扣 2 分；先期处置阶段的处置措施不够全面、得当或与现场处置方案、应急处置卡不一致，每发现一处扣 2 分；扣完为止。

【释义】

依据《生产安全事故应急演练基本规范》（AQ/T 9007—2019）：

4.1 应急演练目的

应急演练目的：

a）检验预案：发现应急预案中存在的问题，提高应急预案的针对性、实用性和可操作性。

应急演练原则

应急演练应遵循以下原则：

a）符合相关规定：按照国家相关法律法规、标准及有关规定组织开展演练。

b）依据预案演练：结合生产面临的风险及事故特点，依据应急预案组织开展演练。

7.4.2 实战演练执行

e）参演人员按照应急演练方案要求，做出信息反馈。

现场处置评估应满足：

（1）现场观摩演练情况，应根据现场实际情况进行研判（研判过程中应合理，有依据），确定事件的严重程度（综合判断后果的合理性），采取有效措施，控制事态发展；

（2）采取的处置措施科学、合理、有效，应与现场处置方案、应急处置卡一致。

【典型问题分析】

典型问题：研判风险分析不足，导致应急处置准备不够充分。

成因分析：演练响应处置阶段过于理想化，导致前期没有结合实际情况和历史经验去分析研判灾害可能会造成的严重后果，人员、物资、保障资源的准备不充分。

5.3 信息报告

【标准原文】

评估内容：

1. 利用各种通信系统，快速向上级、有关部门报告，并持续更新；

2. 信息报告程序规范，符合现场处置方案、应急处置卡的要求。

评分标准：未向上级及有关部门报告事件信息不得分；报告事件信息不规范扣 5 分。

【释义】

依据《国家电网有限公司电力突发事件应急响应工作规则》[国网（安监/3）1106—2022]：

第六章 信息报送

在现场处置方案中明确内部信息报告、对外信息报告、信息初报、信息续报、报送时限、报送内容等，通过电话、传真、邮件、短信等形式快速向上级、有关部门报告，并持续更新信息报告情况，报告内容应完整，对外报送信息的审核工作，确保数据源唯一、数据准确、及时，审核后由相关部门履行审批手续后报出。市级、县级单位按照规定向属地政府有关部门报送信息。

依据《生产安全事故应急演练基本规范》（AQ/T 9007—2019）：

7.4.2 实战演练执行要求

e）参演人员按照应急演练方案要求，做出信息反馈。

要求信息报告程序规范，符合现场处置方案、应急处置卡的要求。

【典型问题分析】

典型问题：演练中信息报告及传递内容不完整。

成因分析：汇报内容中时间、地点、人物、事件（要素）、汇报人、联系方式总有遗漏，演练中信息报告内容过于依赖背诵脚本，未能与现场演练实际灵活结合。

5.4 现场处置

【标准原文】

评估内容：

1. 参演人员之间有序配合，协同处置；

2. 持续开展安全监控，保证人员安全，防止事件及损失扩大；

3. 采取有效措施防止次生或衍生事件的发生；

4. 处置程序与处置措施应与现场处置方案、应急处置卡一致。

评分标准：参演人员之间配合不顺畅扣 2 分；未开展安全监控、采取必要的安全措施扣 2 分；未采取有效措施防止次生或衍生事件扣 2 分；与现场处置方案、应急处置卡不一致，每发现一处扣 2 分；扣完为止。

【释义】

依据《生产安全事故应急演练基本规范》（AQ/T 9007—2019）：

4.3 应急演练工作原则

应急演练应遵循以下原则：

a）符合相关规定：按照国家相关法律法规、标准及有关规定组织开展演练；

b）依据预案演练：结合生产面临的风险及事故特点，依据应急预案组织开展演练；

c）注重能力提高：突出以提高指挥协调能力、应急处置能力和应急准备能力组织开展演练；

d）确保安全有序：在保证参演人员、设备设施及演练场所安全的条件下组织开展演练。

6.2.2 脚本

演练一般按照应急预案进行，按照应急预案进行时，根据工作方案中设定的事故情景和应急预案中规定的程序开展演练工作。

7.4.2 实战演练执行

按照应急演练工作方案，开始应急演练，有序推进各个场景，开展现场点评，完成各项应急演练活动，妥善处理各类突发情况，宣布结束与意外终止应急演练。实战演练执行主要按照以下步骤进行：

a）演练策划与导调组对应急演练实施全过程的指挥控制；

b）演练策划与导调组按照应急演练工作方案（脚本）向参演单位和人员发出信息指令，传递相关信息，控制演练进程；信息指令可由人工传递，也可以用对讲机、电话、手机、传真机、网络方式传送，或者通过特定声音、标志与视频呈现；

c）演练策划与导调组按照应急演练工作方案规定程序，熟练发布控制信息，调度参演单位和人员完成各项应急演练任务；应急演练过程中，执行人员应随时掌握应急演练进展情况，并向领导小组组长报告应急演练中出现的各种问题；

d）各参演单位和人员，根据导调信息和指令，依据应急演练工作方案规定流程，按照发生真实事件时的应急处置程序，采取相应的应急处置行动；

e）参演人员按照应急演练方案要求，做出信息反馈；

f）演练评估组跟踪参演单位和人员的响应情况，进行成绩评定并做好记录。

现场评估人员提前熟悉被评估单位现场处置方案内容及演练工作方案等资料，重点考评内容如下：

（1）参演人员之间有序配合，协同处置；

（2）持续开展安全监控，保证人员安全，防止事件及损失扩大；

（3）采取有效措施防止次生或衍生事件的发生；

（4）处置程序与处置措施应与现场处置方案、应急处置卡一致。

【典型问题分析】

典型问题："以演代练"现象突出，达不到练兵效果。

成因分析：对演练目的存在认识误区，一味追求场面气势和一气呵成的演练效果，忽略了演练的检验预案、锻炼队伍的目的。

5.5 后期处置

【标准原文】

评估内容：

1. 现场处置基本结束后，对人员状况、现场环境、设备设施等进行评估，制定有效安全技术措施，消除潜在危害；

2. 集结、清点人员和物资装备，并对演练过程进行现场点评。

评分标准：未对人员状况、现场环境、设备设施等进行评估、制定有效安全技术措施扣 3 分；后期处置不全面、不正确，发现一处扣 2 分；未集结、清点人员和物资装备扣 2 分；未对演练进行点评扣 2 分；点评不到位扣 2 分；扣完为止。

【释义】

依据《生产安全事故应急演练评估规范》（AQ/T 9009—2015）：

7 演练评估总结

7.1 演练点评

演练结束后，可选派有关代表（演练组织人员、参演人员、评估人员或相关方人员）对演练中发现的问题及取得的成效进行现场点评。

7.2 参演人员自评

演练结束后，演练单位应组织各参演小组或参演人员进行自评，总结演练中的优点和不足，介绍演练收获及体会。演练评估人员应参加参演人员自评会并做好记录。

7.3 评估组评估

参演人员自评结束后，演练评估组负责人应组织召开专题评估工作会议，综合评估意见。评估人员应根据演练情况和演练评估记录发表建议并交换意见，分析相关信息资料，明确存在问题并提出整改要求和措施等。

现场评估人员根据演练项目人员状况、现场环境、设备设施等实际情况，重点考评内容如下：

（1）现场处置基本结束后，对人员状况、现场环境、设备设施等进行评估，制定有效安全技术措施，消除潜在危害；

（2）集结、清点人员和物资装备，并对演练过程进行现场点评。

【典型问题分析】

典型问题：现场处置基本结束后，对演练过程进行现场点评环节缺失，未见对人员状况、现场环境、设备设施等进行评估相关资料。

成因分析：前期对演练目要求不明确，演练评估认识不足，仅注重演练过程；忽略通过评估发现应急预案、应急组织、应急人员、应急机制、应急保障等方面存在的问题或不足，提出改进意见或建议，并总结演练中好的做法和主要优点等目的。

【典型现场演练评估标准】

典型现场演练1：突发低压触电事故现场处置应急演练评估标准（见表3-2）。

表3-2　　　　突发低压触电事故现场处置应急演练评估标准

序号	处置步骤	考核内容及要求	评分标准
1	演练准备（5分）	演练人员正确着装，经许可后开始进行演练	（1）"两穿一戴"不规范扣1分
			（2）携带的急救工器具不齐全本项不得分
2	人员分工（5分）	人员分工应简洁明了、形式灵活（时间不应超过30s）	（1）工作负责人未履行指挥人员职责，明确急救操作人员、信息通讯人员、现场控制人员分工，缺1人扣1分，分工时间每超过10s扣1分，工作负责人未分工本项不得分
			（2）相关人员未履行职责，缺1项扣1分
3	触电者脱离电源（10分）	根据触电者所处位置，采用正确方法使触电者脱离电源，并移至紧急救护位置	（1）直接接触触电者的皮肤扣5分
			（2）未正确使用工器具，一处扣2分
			（3）未脱离电源该项不得分；采用方法不正确或操作不规范一处扣3分
4	现场就地急救（70分）		
4.1	诊断意识、心跳、呼救和体位放置（注：本项以下步骤时间不得超过10s，超过10s不得分）		
4.1.1	判断意识	轻轻拍打伤员肩部，高声呼喊，"喂！你怎么啦？"如果认识可以呼叫名字："×××，你怎么啦？"	（1）未轻拍双肩、呼喊扣1分
			（2）动作过重或者过轻扣1分
			（3）摇动伤员头部扣3分
			（4）操作不规范扣2分
4.1.2	呼救	高喊"来人呀！"或"救人呀！"寻求帮助，并呼叫他人拨打"120"电话或者当地医疗机构电话	（1）未高声呼救，寻求他人帮助扣1分
			（2）未拨打"120"电话或者当地医疗机构电话扣1分

226

序号	处置步骤	考核内容及要求	评分标准
4.1.3	摆正体位	伤者置于平地或硬板上,解开伤员领扣和皮带,去除或剪开限制呼吸的胸腹部紧身衣物	(1)未放于安全位置的平地或硬板上扣3分;未摆正体位3分,动作不规范每处扣2分 (2)未解开伤员领扣和皮带,扣2分 (3)未去除或剪开限制呼吸的胸腹部紧身衣物,每件扣2分
4.1.4	判断脉搏(非专业人员可不进行脉搏判断)	用食指及中指指尖先触及颈部气管正中部位,然后向旁滑移2~3cm,在胸锁乳突肌内侧触摸颈动脉是否有搏动,检查时间不要超过10s	(1)触摸颈动脉、位置错误扣5分 (2)检查时间超过10s扣3分 (3)操作不规范扣2分
4.1.5	判断呼吸	贴近触电者口鼻处听,看触电者的胸腹部有无起伏,用耳贴近伤员的口鼻处,听有无呼吸声音,用颜面部的感觉测试口鼻部有无呼吸气流	(1)判断时间少于5s扣3分 (2)未观看触电者的胸腹部起伏情况扣3分 (3)未贴近触电者口鼻听或(和)者试扣3分 (4)其他不规范或者不符合要求的,每项扣2分
4.2	人工急救(心肺复苏法)		
4.2.1	胸外心脏按压	确定正确的按压位置,用正确按压姿势进行胸外按压,两臂伸直,肘关节固定伸直,两手掌根相重叠,手指翘起,将下面手的掌根部置于伤员心脏按点,按压频率为100~120次/min,按压深度5~6cm,按压和呼吸比例为30:2,即30次心脏按压后进行2次人工呼吸,反复进行。双人或多人复苏应每2min(按压吹气5组循环)交换角色,以避免胸外按压者疲劳而致胸外按压质量和频率削弱。在交换角色时,其抢救操作中断时间不应超过10s	(1)按压姿势不正确扣5分 (2)按压点位置错误扣3分 (3)按压频率错误或者单人按压中断扣5分 (4)按压深度错误扣3分 (5)按压/吹气比例错误扣5分 (6)压放比例错误或者手离开身体扣3分 (7)双人按压交换角色中断时间超过10s扣5分 (8)其他不规范或者不符合要求的,每项扣2分
4.2.2	开放气道	用仰头抬颏手法开放气道,发现伤员口内有异物,要清除伤者口中的异物和呕吐物;用指套或指缠纱布清除口腔中的液体分泌物。清除固体异物时,一手按压开下颌,迅速用另一手食指将固体异物钩出或用两手指交叉从口角处插入,取出异物,操作中要注意防止将异物推到咽喉深部	(1)未开放气道扣10分 (2)开放气道不充分扣5分 (3)开放气道方法不正确扣5分 (4)未清理口内异物扣5分,清理异物不彻底或动作不规范扣3分 (5)其他不规范或者不符合要求的,每项扣2分
4.2.3	口对口呼吸	在保持伤员气道通畅的同时,救护人员用放在伤员额上的手捏住伤员鼻翼,救护人员平静吸气后,与伤员口对口紧合,在不漏气的情况下,先连续以正常呼气量吹气2次。每次吹气1s以上,方法正确,能够看见胸廓起伏,5~6s/次,即10~12min	(1)吹气时间不足扣5分 (2)吹气时未捏住鼻孔、未将嘴巴包严导致漏气扣3分 (3)无效吹气(不足或过度吹气),每次扣5分 (4)未侧头吸气扣3分 (5)吹气完毕后未松开鼻孔扣3分 (6)吹气时未暂停按压扣10分 (7)其他不规范或者不符合要求的,每项扣2分

序号	处置步骤	考核内容及要求	评分标准
4.2.4	头部降温	伤员呼吸心跳恢复后,应立即对头部进行降温,如用冰帽、冰袋等,紧急情况下也可用冰棍放在伤员头部或用冷毛巾置于额部	未对头部进行降温扣5分,使用降温材料不符合要求扣3分
4.2.5	抢救过程中的再判断	按压吹气2min后(相当于5组30:2按压吹气循环以上),观察伤员的意识、呼吸、肤色,在5~10s时间内完成对伤员呼吸心跳是否恢复的再判断。 若判定呼吸心跳未恢复,则继续坚持用心肺复苏进行抢救。 在医务人员未接替抢救前,现场抢救人员不要轻易放弃抢救	(1)未按每5组进行伤员抢救情况的判断扣10分 (2)呼吸心跳判断的扣分参照4.1.4和4.1.5条 (3)不继续坚持用心肺复苏技术抢救扣10分 (4)医务人员未接替抢救前放弃抢救扣10分 (5)其他不规范或者不符合要求的,每项扣2分
4.2.6	抢救结果	判断触电者瞳孔、呼吸、心跳是否恢复。心肺复苏有效指征:自主呼吸恢复(检查并口述),颈动脉有搏动(检查并口述),瞳孔由大变小(检查并口述),唇、面及甲床转红润(检查并口述)	(1)触电者心跳、呼吸未恢复,抢救未成功扣40分 (2)触电者心跳、呼吸恢复抢救成功,但按压次数(依据电脑计数次数为准)超过规定次数,1次扣1分,最高扣20分 (3)未检查触电者瞳孔、呼吸、心跳,每处扣2分 (4)其他不规范或者不符合要求的,每项扣2分
5	信息报告(5分)	及时向上级报告事故情况	未及时上报事故扣5分,上报信息不全面或不准确,每项扣2分
6		抢救结束(5分)	
6.1	操作时间	心肺复苏操作完成的时间以5min为限,满10min责令停止	完成时间每加减1min,总分减加5分
6.2	恢复现场	抢救结束后恢复演练现场并立即汇报	未恢复现场扣1分,未汇报扣1分
	合计		

典型现场演练2:重要场所应急供电演练考核内容及标准(见表3-3)。

表3-3　　　　重要场所应急供电演练考核内容及标准

序号	处置步骤	评价标准	评价结果	备注
1	接处警、处置准备	用电检查员收到客户故障信息和请求后,单位内部信息报送(营销部、运检部、安监部及相关车间)是否准确、快速、流畅	下令时间:月　日　时　分 □向各部门全部报送完成 □部分完成 □未报送 信息报送 □良好,□一般,□较差	
2	各支应急救援队伍接令后出发	接令后出发时间≤10min: 客户服务分中心人员出发时间; 应急发电车出发时间; 照明灯塔出发时间	时　分,距离接令用时　min; 时　分,距离接令用时　min; 时　分,距离接令用时　min	

序号	处置步骤	评价标准	评价结果	备注
3	各支应急救援队伍到达演练场	时间：城区第一支队伍到达时间≤45min；客户服务分中心人员到达演练场；应急发电车到达演练场；照明灯塔到达演练场	时　　分，距离下令用时　　min；时　　分，距离下令用时　　min；时　　分，距离下令用时　　min	
4	联系客户了解有关情况和客户需求	客户服务分中心人员（用电检查员）到达现场后，是否联系客户用电联系人，了解有关情况和客户需求	□良好，□一般，□较差	
5	随车工器具、电缆检查	应急发电车是否带齐随车工器具、电缆（现场检查核实）	□良好，□一般，□较差	
6	布置现场安全措施	现场是否布置安全隔离措施	□良好，□一般，□较差	
		是否采取故障隔离及防止向电网反送电安全措施（现场拷问）	□良好，□一般，□较差	
7	发电车电缆接入客户配电箱	发电车电缆能否快速接入客户配电箱	□能接入　□不能接入	
		接入用时≤30min	□良好，□一般，□较差	
8	使用急发电车	工作人员能否熟练使用（启动）应急发电车	□良好，□一般，□较差	
9	使用照明灯塔	工作人员能否熟练使用（启动）照明灯塔	□良好，□一般，□较差	
10	恢复供电	假设故障抢修完成，恢复供电流程和安全措施（现场拷问）	□良好，□一般，□较差	
11	撤离演练现场	撤离演练现场时是否做到照明灯塔、电缆、工器具等收放整齐，场地清理，有序撤离	□良好，□一般，□较差	

典型现场演练 3：水灾现场处置方案演练评价表（见表 3-4）。

表 3-4　　　　水灾现场处置方案演练评价表

序号	处置步骤	评价标准	评价结果	备注
1	发布暴雨预警后，站内值班人员（或者安保人员）开展预防准备工作	（1）用防汛沙袋封堵变电站入口，检查站院下水管、排水渠等设施通畅情况，有堵塞时及时打通	□良好，□一般，□较差	
		（2）准备救生衣、绳索等应急逃生装备，并明确逃生路线和制高点	□良好，□一般，□较差	
2	站内值班人员（或者安保人员）发现水情后，立即将水情上报上级领导，并观察水情变化情况	（1）立即将水情上报上级领导	□良好，□一般，□较差	
		（2）观察水情变化情况，观察变电站周围山体、河流等状况	□良好，□一般，□较差	

序号	处置步骤	评价标准	评价结果	备注
3	站内发生危及设备和人身安全的水情时,采取控制水情的措施	(1)用防汛沙袋封堵变电站入口,检查站院下水管、排水渠等设施通畅情况,有堵塞时及时打通	□良好,□一般,□较差	
		(2)观察变电站周围墙壁,是否有塌陷、裂缝、进水等状况,用沙袋对进水点进行封堵	□良好,□一般,□较差	
		(3)出现水从电缆进站孔大量灌入电缆夹层情况,应使用固定排水泵或移动排水泵进行排水	□良好,□一般,□较差	
		(4)检查设备运行情况,重点检查处于低位、易进水的电缆沟、端子箱、机构箱、汇控柜等,遇到有危及设备的可能情况,立即进行重点部位的排水	□良好,□一般,□较差	
4	发现水情危及设备安全时,应上报调度管理部门,按照调度指令停运相关设备	发现水情危及设备安全时,上报调度管理部门,按照调度指令停运相关设备	□良好,□一般,□较差	
5	检查各处临时措施是否有效,一旦发现新隐患立即采取补救措施	检查各处临时措施是否有效,一旦发现新隐患立即采取补救措施	□良好,□一般,□较差	
6	当水位上涨威胁人身安全时要及时撤离到安全地带,撤离前应采取相关安全措施	(1)当水位上涨威胁人身安全时要及时撤离到安全地带,熟练掌握安全地带地点和撤离路线;(2)撤离前应采取相关安全措施,比如向调度部门申请并停运相关设备等	□良好,□一般,□较差	
7	变电站周边积水严重、无法离开变电站时,开展的自救、互救工作	是否能准确联系救援单位或者向上级部门求救。水位上涨、严重威胁自身安全时,如何开展自救,自救措施是否合适	□良好,□一般,□较差	
8	注意事项	(1)安装临时排水泵应确保电缆线连接回路绝缘良好,并加装开关及剩余电流动作保护器,防止漏电触电;(2)到室外设备区查看灾情时,穿绝缘靴,不准靠近避雷针和避雷器,与其保持5m以上的距离	□良好,□一般,□较差	
9	参演人员演练状态	参演人员演练状态	□良好,□一般,□较差	

典型现场演练 4:大型社区突发停电事件应急供电处置演练评估标准(见表 3-5)。

表 3-5　　　大型社区突发停电事件应急供电处置演练评估标准

序号	处置步骤	评价标准	评价结果	备注
1	突发停电事件发生后现场处置	（1）供电企业是否掌握重要用户（大型社区）社区物业（居委会）联系方式、联系人信息	□有，□没有	
		（2）重要用户（大型社区）社区物业（居委会）是否了解停电报修电话及联系方式	□有，□没有	
		（3）客服部门是否按照职责分工准确、迅速传递信息	□良好，□一般，□较差	
		（4）电网调度及运行人员是否立即隔离故障点，调整运行方式，有序处置电网停电事件	□良好，□一般，□较差	
		（5）专项应急处置指挥部办公室是否及时组织研判，并向应急指挥部提出启动应急响应建议	□良好，□一般，□较差	
		（6）启动的应急预案、响应级别、应对措施是否适当	□良好，□一般，□较差	
		（7）应急指挥中心是否及时开通指挥应急处置	□良好，□一般，□较差	
		（8）应急指挥人员是否到岗到位	□良好，□一般，□较差	
		（9）相关专业应急专家是否到位且足额	□良好，□一般，□较差	
		（10）现场应急指挥部是否成立并开展工作	□良好，□一般，□较差	
		（11）与当地政府及相关专业部门联系是否及时，通信手段是否完备	□良好，□一般，□较差	
		（12）各专业抢修队伍是否迅速集结到位	□良好，□一般，□较差	
		（13）应急基干救援队伍是否集结并抵达现场，完成应急供电	□良好，□一般，□较差	
		（14）营销服务队伍（用电检查员）及时到社区走访、安抚受突发停电事件影响公众，做好解释和取证工作	□良好，□一般，□较差	
2	突发停电事件发生后现场救援	（1）救援抢修人员是否迅速抵达事发现场，指挥部是否制定合理高效的抢修方案，经专家论证并按抢修方案进行处置	□良好，□一般，□较差	
		（2）是否做好现场安全措施，保证抢修现场人员安全	□良好，□一般，□较差	
		（3）是否采取防止发生次生、衍生事件的必要措施，是否标明危险区域、封锁危险场所、划定警戒区、实行交通管制及其他控制措施	□良好，□一般，□较差	

序号	处置步骤	评价标准	评价结果	备注
2	突发停电事件发生后现场救援	（4）是否对救援车辆行驶路线有规划，是否有行驶路线的备用方案	□良好，□一般，□较差	
		（5）应急发电车状态是否良好，是否燃料充足、运行平稳	□良好，□一般，□较差	
		（6）应急供电馈出线是否敷设合理、接驳装置有效	□良好，□一般，□较差	
		（7）社区物业（居委会）提前将非重要负荷减载	□良好，□一般，□较差	
		（8）应当地政府要求，为受突发停电事件影响人员紧急避险场所或聚集点提供场地照明	□良好，□一般，□较差	
		（9）应急救援物资是否及时调配并供应，物资部门是否根据需要向协议部门和单位提出支援的需求	□良好，□一般，□较差	
3	应对突发事件舆情控制	（1）突发事件发生后专业部门是否监控媒体对事件的报道，及时发现负面信息并逐级汇报	□良好，□一般，□较差	
		（2）突发事件发生后新闻应急负责人、新闻发言人以及相关人员是否及时到位，启动新闻应急响应	□良好，□一般，□较差	
		（3）新闻应急队伍监控舆情，及时应对发出新闻通稿给客户服务中心 95598 以及政府相关部门，并通过企业微博等手段安抚受突发停电事件影响公众	□良好，□一般，□较差	
4	应对突发事件应急联动	（1）是否有效运用内外协调联运机制，与各级政府部门主动联系，在政府的组织下开展应急状态下的优质服务，必要时，寻求政府、相关专业部门和协调联动企业提供支援	□良好，□一般，□较差	
		（2）是否根据需要及时跨区调用兄弟单位应急力量，提供急需物资、设备、装备、设施、工具或人力支援	□良好，□一般，□较差	
5	应对突发事件信息报送	事发单位及相关管理部门是否明确信息报送责任，信息报送内容是否满足应急处置需求，是否及时准确分级、分专业向主管部门汇报信息	□良好，□一般，□较差	
6	应对突发事件善后处理	（1）是否及时终止应急响应，是否及时发布解除应急响应通知，是否组织损失统计分析和总结评估及时向公众发布，并上级主管部门及相关机构报告	□良好，□一般，□较差	
		（2）是否制定转入正常生产抢修状态后的恢复工作方案及灾后重建计划，是否做好灾后恢复重建过程中的用户的安全供电及优质服务、员工的心理及生活救助等后续工作	□良好，□一般，□较差	
		（3）是否组织保险理赔等工作，是否做好应急资金、物资使用等管理	□良好，□一般，□较差	

6 新一代应急指挥系统实操演练

【释义】

通过对各单位新一代应急指挥系统应用实操演练，评估各单位、各专业对系统应用、分析情况，新一代应急指挥系统集成电网资源业务中台、数据中台、总部统一车辆平台、供应链运营中心、电网 GIS 平台、统一视频平台等 25 套信息系统，获取电网信息、设备状态、现场视频、应急车辆、应急物资、气象预警、地质水文、新闻舆情等八大类总计 166 项内外部数据，支撑 24h 常态值班、预警响应、应急响应和重大活动保电等多个应用场景。实操演练评估主要对各单位系统应急态势感知模块中气象异常、用户停电监测等情况进行评估；对各单位系统应急资源模块中应急队伍、车辆、装备、物资等监测情况进行评估；对各单位系统预警响应模块中预警发布、措施响应等使用情况进行评估；对各单位系统应急响应模块中灾损快速统计、应急响应跟踪等使用情况进行评估。

评估对象：应急领导小组成员、应急值班人员、部门负责人及相关专业管理人员、现场抢修人员。

6.1 监测预警

【标准原文】

评估内容：

1. 按要求发布预警通知，预警发布流程规范；

2. 对事态的发展、电网情况进行持续监测；

3. 按照预警通知编制下发预警响应工作任务，通知到有关人员；

4. 通过 PC 端、移动端及时反馈预警措施落实情况，完成预警响应任务；

5. 开展预警响应执行情况跟踪；

6. 开展抽查检查，核实现场预警措施；

7. 预警调整与解除符合预案要求。

评分标准：未按要求发布预警通知不得分；预警发布流程不规范扣 2 分；未对事态进行持续监测扣 3 分；未编制下发预警响应任务扣 3 分；预警措施执行未通过系统反馈，每处扣 3 分；值班人员未开展执行情况跟踪扣 3 分；未开展预警措施核查扣 3 分；预警调整与解除不规范扣 3 分；扣完为止。

【释义】

考察各单位对新一代应急指挥系统操作熟练程度，系统与现场处置方案衔接性，系统数据、信息完整性和有效性等。

新一代应急指挥系统预警功能模块下设预警响应管理、预警行动、预警总览、PMS 预警响应管理四个二级功能模块。在预警状态下，公司各级专业人员可以通过"预警"模块，进行预警通知的线上编辑、审批和发布，进行预警行动指令的线上编辑、下发和接收，进行预警措施执行进展的线上实时查询等。

按现场处置方案和系统操作手册要求发布预警通知，预警发布流程规范，对各单位系统应急态势感知模块中气象异常、事态的发展、电网情况、用户停电监测等情况进行评估，按照预警通知编制下发预警响应工作任务，通知到有关人员，注意查看系统人员数据的完整性和与实际符合性，通过 PC 端、移动端及时反馈预警措施落实情况，完成预警响应任务，开展预警响应执行情况跟踪和抽查检查，核实现场预警措施、预警调整与解除符合预案要求。

【典型问题分析】

典型问题：预警发布流程不规范；预警调整与解除不规范。

成因分析：应急预案内容不熟悉；新一代应急指挥系统预警功能模块不熟练；相关预案、系统培训演练不足。

6.2 响应启动

【标准原文】

评估内容：

1. 应用系统做好设备灾损、用户停电信息收集，结合响应阈值，判断受灾范围和趋势；

2. 按要求启动相应级别的应急响应，启动流程规范。

评分标准：未按要求启动应急响应不得分；应急响应启动级别不符合预案要求，扣 2 分；应急响应启动流程不规范，扣 2 分；扣完为止。

【释义】

主要考察网络的完好性，设备灾损、用户停电信息收集及时性和数据完整、准确性，系统连贯性等，注意应急预案应急响应过程与系统的匹配性。

应用新一代应急指挥系统应急管理模块做好设备灾损、用户停电信息收集，结合响应阈值，判断受灾范围和趋势，按要求启动相应级别的应急响应，启动流程规范。

【典型问题分析】

典型问题：未按要求启动应急响应；应急响应启动级别不符合预案要求；应急响应启动流程不规范。

成因分析：应急预案应急响应分级内容不熟悉；新一代应急指挥系统应急响应功能模块不熟练；相关预案、系统培训演练不足。

6.3 应急处置

【标准原文】

评估内容：

1. 按要求成立应急指挥部，启用应急指挥中心，并加强应急值班；

2. 在系统中发布应急响应任务，通知到有关人员；

3. 现场人员通过移动端实时反馈应急响应任务信息，完成应急响应任务；

4. 通过作战地图，跟踪应急响应任务、专业措施落实情况；

5. 开展应急队伍、车辆、装备、物资调配，实时跟踪相关位置、运行轨迹；

6. 开展抽查检查，核实现场开展的应急响应措施及灾损恢复情况；

7. 做好设备灾损、用户停电信息收集，判断恢复范围和趋势；

8. 按要求及时向上级单位报送信息。

评分标准：未按要求成立应急指挥部、未启用应急指挥中心并开展应急值班不得分；未发布应急响应任务，每项扣 3 分；现场人员未反馈应急响应任务执行情况，每项扣 3 分；开展调配工作未关注位置、轨迹，每项扣 3 分；未开展应急响应行动核查扣 3 分；突发事件恢复情况判断不准确扣 2 分；未按要求向上级单位报送信息，扣 2 分；扣完为止。

【释义】

主要考察系统应用熟练程度，移动端流畅程度，信息画面回传清晰度，作战地图符合性，应急队伍、车辆、装备、物资数据完整性，与实际数量一致性，实时跟踪、定位准确性等，相应措施与预案匹配性、一致性。

新一代应急指挥系统应急响应模块下设应急响应管理、指挥部设置、应急行动、应急总览、灾损恢复信息统计、急速上报六个二级功能模块。应急响应期间，公司各级人员可以通过"应急"模块在线查看灾害实时发展，电网设备、用户故障停复电情况，查看各单位应急队伍、车辆、物资、装备"四要素"的实时位置、抢修任务进展等情况；通过"应急资源"子模块线上查看本单位和下级单位应急队伍的分布、实时状态等信息，查看应急车辆、物资、装备的种类、型号、定期维护、检查记录等情况，确保各类应急资源随时可用。

按照预案相关要求成立应急指挥部，启用应急指挥中心，并加强应急值班，发布应急响应任务，通知有关人员，现场人员通过移动端实时反馈应急响应任务信息，完成应急响应任务。通过作战地图，跟踪应急响应任务、专业措施落实情况，开展应急队伍、车辆、装备、物资调配，实时跟踪相关位置、运行轨迹。开展抽查检查，核实现场开展的应急响应措施及灾损恢复情况，做好设备灾损、用户停电信息收集，判断恢复范围和趋势，按要求及时向上级单位报送信息。

【典型问题分析】

典型问题：现场人员未反馈应急响应任务执行情况；开展调配工作未关注位置、轨迹；未开展应急响应行动核查；突发事件恢复情况判断不准确；未按要求向上级单位报送信息。

成因分析：现场人员对新一代应急指挥系统应急响应功能模块不熟练；应急预案

236

应急处置内容不熟悉；系统应用登录不及时；相关预案、系统培训演练不足。

6.4 响应调整与结束

【标准原文】

评估内容：根据灾损恢复情况，按照预案要求及时调整或结束应急响应。

评分标准：未按要求调整或结束应急响应，不得分；发布调整或结束应急响应通知不及时扣 3 分。

【释义】

主要考察系统与预案中调整或结束应急响应程序的一致性，以及对系统中应急响应调整或结束操作的熟练程度和规范性。

【典型问题分析】

典型问题：未按要求调整或结束应急响应；发布调整或结束应急响应通知不及时。

成因分析：现场人员对新一代应急指挥系统应急响应功能模块不熟练；应急预案应急处置内容不熟悉；发布调整或结束应急响应程序不了解；相关预案、系统培训演练不足。

6.5 演练过程流畅度

【标准原文】

评估内容：系统运行稳定，人员操作熟练，各类数据能够及时上传，现场音视频能够及时联通。

评分标准：系统运行不稳定，扣 1 分；人员操作不熟练，每人扣 1 分；各类数据上传不及时，每处扣 1 分；现场音视频联通不及时，每处扣 1 分；扣完为止。

【释义】

主要考察系统是否运行稳定、人员操作是否熟练、各类数据能否及时上传、现场音视频能否及时联通，提出系统及操作人员改进建议。

【典型问题分析】

典型问题：系统运行不稳定；人员操作不熟练；各类数据上传不及时；现场音视频联通不及时。

成因分析：现场网络不稳定；网络系统存在缺陷；现场人员对新一代应急指挥系统应急响应功能模块不熟练；应急预案应急处置内容不熟悉；系统数据更新不及时；系统培训演练不足。